多媒体时代高校的思政教育研究

陈金平　著

北京工业大学出版社

图书在版编目（CIP）数据

多媒体时代高校的思政教育研究 / 陈金平著 . — 北
京 ： 北京工业大学出版社， 2020.4（2021.5 重印）
　 ISBN 978-7-5639-7385-9

　 Ⅰ ．①多… Ⅱ ．①陈… Ⅲ ．①高等学校－思想政治教
育－研究－中国 Ⅳ ．① G641

中国版本图书馆 CIP 数据核字（2020）第 076642 号

多媒体时代高校的思政教育研究
DUOMEITI SHIDAI GAOXIAO DE SIZHENG JIAOYU YANJIU

著　　者：陈金平
责任编辑：邓梅菡
封面设计：点墨轩阁
出版发行：北京工业大学出版社
　　　　　（北京市朝阳区平乐园 100 号　邮编：100124）
　　　　　010-67391722（传真）　bgdcbs@sina.com
经销单位：全国各地新华书店
承印单位：三河市明华印务有限公司
开　　本：710 毫米 ×1000 毫米　1/16
印　　张：9.5
字　　数：190 千字
版　　次：2020 年 4 月第 1 版
印　　次：2021 年 5 月第 2 次印刷
标准书号：ISBN 978-7-5639-7385-9
定　　价：56.00 元

前　言

　　高校思政教育是非常重要的，但是在以往的教学中，由于思政教育得以实施的主要阵地是课堂，再加上部分教师教学方式不够灵活，因此有的学生逐渐形成了对于思政课堂的刻板印象，认为思政知识非常枯燥，没有太多实用价值，甚至对于思政课堂产生了排斥心理。但是在网络多媒体的支持下，思政知识的呈现形式发生了转变，而且很多知识和观点以案例和故事的方式展示出来，逐渐破除了学生的认知局限，让学生感知到了鲜活的知识内容，逐渐认可思政知识，真正成长为有着健康价值观和思想意识的人。

　　思政教育虽然不会给学生带来眼前的利益，但是对于学生健康人格的养成非常重要，所以必须重视高校的思政教育。高校可构建网络平台，教师通过平台向学生传播思政知识和信息，而学生也可以随时通过平台来获得和学习思政知识，教师和学生之间的联系将不再受到时空的限制，而且教师可以在线解答学生的问题，并且监督学生的学生态度和学习进度。在这样的模式中，网络多媒体同时发挥平台和管道的作用，让鲜活的思政知识在师生之间传播，并且逐渐融入校园文化中，保障了思政教育教学的效率和品质。

　　本书分为七章，第一章对思政教育的理论基础进行了分析，第二章为高校学生思政教育概述；第三章为高校思政课多媒体教学创新研究；第四章为多媒体时代高校思政的实践探究；第五章为多媒体时代高校思政的创新研究；第六章对多媒体时代高校思政教育模式进行分析；第七章对多媒体时代高校思政教育理论课进行了分析。

　　由于笔者水平不足，本书中难免存在一定的不足之处，恳请广大读者斧正。

目 录

第一章　思政教育的理论基础

第一节　思政教育的地位与作用

一、思政教育的社会地位

（一）思政教育是马克思主义理论教育的基本途径

马克思主义是马克思、恩格斯所创立的关于自然、社会和思维发展的普遍规律的学说，是关于资本主义发展以及社会主义和共产主义发展普遍规律的学说。马克思主义是无产阶级争取自身解放和整个人类解放的科学理论，是关于无产阶级斗争的性质、目的和解放条件的学说，为无产阶级认识世界和改造世界提供了强大的思想武器。马克思主义以及中国化的马克思主义，为中国特色社会主义建设提供了理论指导。要充分发挥其指导作用，就必须对广大人民群众进行马克思主义理论教育，使人民群众深刻理解和完整把握马克思主义的科学世界观和方法论。而思政教育是马克思主义理论教育的主要渠道，是马克思主义理论实现其价值的必经途径。

马克思主义和中国化的马克思主义只有被广大人民群众所掌握，才能变为改造世界的物质力量，才会具有现实意义。马克思指出："批判的武器当然不能代替武器的批判，物质力量只能用物质力量来摧毁；但是理论一经群众掌握，也会变成物质力量。理论只要说服人，就能掌握群众；而理论只要彻底，就能说服人。所谓彻底，就是抓住事物的根本。"值得注意的是，理论转化为物质力量要通过一个中介——人，也就是说，理论要"掌握群众"才能转化为物质力量。而理论要"掌握群众"，除了理论本身要彻底即具有科学性外，毫无疑问要靠宣传教育来实现。思政教育是将马克思主义理论变为物质力量的重要途径。我们可以通过系统的思政教育帮助人民群众深入理解和把握马克思主义理论，使其树立正确的世界观、掌握科学的方法论，提高其认识世界和改造世界的能力，使其积极投入中国特色社会主义的建设中，从而将马克思主义理论变为巨大的物质力量。实践表明，我国思政教育在这方面发挥着重要作用。在新民主主义革命时期和社会主义革命与建设时期，在改革开放的新时期，正是因为我国坚持对广大人民群众进行马克思主义理论教育，使马克思主义成为广大人民群众改造社会的强大武器，中国社会才发生了翻天覆地的变化，中国社会才获得了巨大的发展。

在 21 世纪，要继续推进中国特色社会主义事业，使马克思主义理论的价值得到充分体现，就必须进一步加强对广大人民群众的马克思主义理论教育。在 21 世纪，多媒体已经深入社会经济、文化、政治、生活等诸多方面，成为信息化浪潮中与国家前途息息相关的重要因素。多媒体克服了传统媒体信息传递速度慢的弱点，使马克思主义经典著作、马克思主义中国化成果可以在短时间内通过互联网传播到世界各地，让更多的人了解并逐步认同这一科学理论。多媒体的不断发展，使马克思主义价值体系的认知方式从静态变为动态，从现实走向网络。和传统方式相比，多媒体扩大了马克思主义思想传播的覆盖面。人们可以更容易地通过多媒体手段获得马克思主义理论知识，使更多人接受并信仰马克思主义，从而提高马克思主义的影响力。运用多媒体传播方式传播马克思主义思想，可以使以往受众被动接受、没有信息反馈的局面转变为传者与受者相互交流的局面，可以使传者与受者之间的互动更广泛、更直接、更深入。受众不再单向度地被动接受信息或观点，而是通过微博、微信等方式随时表达自我。多媒体的运用也增强了不同主体间的互动性，不同的参与者都能够表现出自身的主体性。

（二）思政教育是社会主义精神文明建设的基础工程

《中共中央关于加强社会主义精神文明建设若干重要问题的决议》指出，思政教育"是精神文明建设一项基础性工作和搞好两个文明建设的基本保证"。这是对思政教育在社会主义精神文明建设中的地位和作用的科学说明。据此，我们可以认为，思政教育是社会主义精神文明建设的基础工程和中心环节。

第一，思政教育是社会主义精神文明建设的核心内容。社会主义精神文明建设包括思想道德建设和教育科学文化建设两个方面，两方面内容相互渗透、相互促进，思想道德建设是精神文明建设的核心内容，集中体现着精神文明建设的性质和方向。从这个意义上讲，没有思想道德建设，就没有社会主义精神文明建设。我国思想道德建设的首要任务是用马列主义和中国特色社会主义理论教育全体公民，不断提高公民的思想政治素质；思想道德建设的过程就是对人民群众进行思政教育的过程。

第二，思政教育是完成社会主义精神文明建设根本任务的基本途径。思政教育以培养人为己任，这一任务理所当然地成为思政教育的根本任务。坚持向广大人民群众进行思政教育，大力倡导社会主义核心价值观，帮助人们树立以马克思主义为指导的正确的世界观、人生观、价值观和建设中国特色社会主义的共同理想，形成以爱国主义为核心的民族精神和以改革创新为核心的时代精神，确立社会主义荣辱观等，就能较好地培养"四有"新人。可见，只有大力加强思政教育，才能为完成精神文明建设的根本任务创造条件，才能顺利完成这一历史任务。

第三，思政教育是保证教育科学文化建设的社会主义性质和方向的根本措施。但是，教育科学文化建设自身并不能决定自己的性质和方向，只有使教育科学文化部门的党组织开展强有力的思政教育，才能保证党的路线、方针、政策的贯彻执行，从而实现党的思想政治领导，使教育科学文化建设保持社会主义的性质和方向，使其更好地为社会主义现代化服务。例如，教育部门要通过加强思政教育，保证党的教育方针的贯彻执行，保证教育工作沿着社会主义方向前进；科学研究部门要通过加强思政教育，使科学研究为现代化建设服务；文艺部门要通过加强思政教育，保证文艺为人民服务、为社会主义事业服务的方向；新闻出版部门要通过加强思政教育，生产更多更健康的精神产品，引导人们积极向上，达到较高的精神境界。可见，加强思政教育是坚持教育科学文化建设的社会主义性质和方向的根本保证。事实上，由于教育科学文化建设的核心问题是培养适应社会主义现代化建设要求的"四有"新人，文化建设的方方面面最终都必须围绕着人来展开。教育有一个培养什么人的问题，科学和文学艺术有一个为什么人服务的问题，新闻出版、广播电视网络等有一个如何引导人的问题。而培养"四有"新人是思政教育的根本任务，因此，我国教育科学文化建设内在地包含着思政教育，离不开思政教育的作用。教育科学文化建设是我国思政教育的重要载体，要靠思政教育来保障其发展方向。

第四，思政教育工作必须要在精神文明建设目标的指导下才能具体展开。当前我国精神文明建设的目标是，使人们树立建设中国特色社会主义的共同理想，坚持党的基本路线不动摇，提高人们的政治素养、法制意识与道德水平，丰富人们的精神文化生活，最终实现社会物质文明与精神文明的协调发展。在精神文明建设目标的指导下，当前我国的思政教育就需要加强马克思主义教育，加强思想道德素质教育，加强科学文化教育，最终为社会主义精神文明建设提供有力的精神支持。

（三）思政教育是完成建设中国特色社会主义各项任务的中心环节

早在新民主主义革命时期，思想教育就是团结全党进行伟大政治斗争的中心环节。如果这个任务不解决，党的一切政治任务是无法完成的。在社会主义建设时期，政治工作是一切经济工作的生命线。在社会经济制度发生根本变革的时期，尤其是这样。在社会主义现代化建设新时期，党中央进一步强调"思想政治工作是经济工作和其他一切工作的生命线"。可见，中国共产党一贯高度重视思政教育，不仅将其视为党和国家事业的重要组成部分，而且将其看作完成党和国家各项任务的中心环节。"中心环节"是对新时期思政教育战略地位的高度概括。在 21 世纪，思政教育的这一地位更加突出。要将中国特色社会主义伟大事业向前推进，就必须坚持不懈、深入持久地对广大人民群众进行思政教育，为完成中国特色社会主义事业各项任务提供思想保证和精神动力。

中国特色社会主义事业包括政治、经济、文化、教育、科技等多方面内容，思政教育是其中一个不可缺少的重要部分，是推动中国特色社会主义建设的重要力量。从某种意义上讲，思政教育与中国特色社会主义事业的其他方面处于同等重要的地位，因为所有这些方面都是中国特色社会主义建设所需要的，都从特定方面推动着中国特色社会主义建设的发展。思政教育特殊的功能性地位表现为，它是通过直接作用于人的思想道德素质，通过提高人的积极性、主动性、创造性，使人们更好地参与社会各方面的活动而推进中国特色社会主义建设的进程的。这一功能地位是思政教育所特有的，是中国特色社会主义事业的其他方面所不可取代的。正是在这个意义上，我们说思政教育是完成中国特色社会主义各项任务的中心环节，因为任何一项工作都需要人去做，要做好工作，就需要提高人们的思想道德素质，提高人们认识世界和改造世界的能力，提高人们的工作积极性，否则就可能出现干扰中国特色社会主义建设的问题，思政教育必须与经济工作紧密结合起来。在做业务工作时，要加强思政教育，充分发挥先进思想和革命精神的巨大能动作用；在开展思政教育时，要将思政教育渗透到业务工作中，结合业务工作去做思政教育工作。思政教育不能脱离经济、技术等业务工作而孤立地进行，否则就易陷入空头政治的境地；经济、技术等业务工作更不能脱离思政教育，否则就会迷失方向，正如"不注意思想和政治，成天忙于事务，那会成为迷失方向的经济家和技术家，很危险"中所说的一样。

由此可见，只有做好思政教育工作，才能保证经济、技术工作沿着中国特色社会主义的方向前进，才能真正调动广大干部、群众的积极性、主动性和创造性，从而圆满完成中国特色社会主义事业的各项任务。

二、思政教育的作用

（一）导航作用

思政教育的导航功能是由思政教育的目的性、方向性所决定的。因为思政教育总是一定阶级、集团为了实现自己的经济利益和政治统治而对人们施加意识形态方面影响的社会活动，这就决定了思政教育总是带有方向性和目的性的。因此，导航功能便成了思政教育的基本功能。它的导航功能主要表现在如下几方面。

1. 对经济的导航

人类的社会生活包括经济、政治、思想文化三大领域，经济领域是人类生存和发展的最基本领域。社会的物质资料生产、分配、交换、消费等经济活动，以及人们的经济生活等都是没有方向性的。它们究竟沿着社会主义方向发展，还是沿着资本主义方向发展，其自身都是无法得到解决的。

在历史唯物主义看来，经济决定政治、决定思政教育，政治是经济的集中反映，经济是第一性的，政治、思政教育是第二性的。政治、思政教育一经产生和形成，又能动地反作用于经济，为经济服务，并确保经济关系、经济活动沿着实现本阶级经济利益的方向前进，从而对经济起着导航的作用。

不同的思政教育对经济起着不同的导航作用：先进阶级、集团的思政教育能够引导经济向前发展，促进社会的进步；落后的腐朽的阶级、集团的思政教育会阻碍经济向前发展，能引发经济倒退现象，使社会经济衰败乃至全面崩溃。就阶级性来看，各个阶级都力图通过思政教育把经济引导到对自己有利的发展航向上，以达到维护本阶级利益的目的。如资产阶级的思政教育，就是为了使经济始终沿着资本主义的轨道发展，以巩固生产资料的资本主义私有制。而社会主义的思政教育，就是要使经济沿着社会主义的方向发展。如果社会主义的思政教育蜕变为资产阶级的思政教育，那么，社会主义的经济就会沿着资本主义经济的航向发展，即出现资本主义经济的复辟现象。因此，思政教育对经济具有重要的导航作用。

2. 对理想信念的导航

每个人都追求着自己的理想。理想是指人们对未来目标的追求和向往，是人们为之奋斗的目标。每个人也都有自己的信念。信念是指人们在一定的认知基础上而确立的对某种理论、主张、见解、观点、理想等坚信无疑，并努力为之奋斗的精神状态和确定的看法。

那么，崇高的理想和卑劣的理想、科学的信念和非科学的信念是怎样形成的呢？它是不同思政教育的结果。正确的思政教育能够帮助人们树立崇高的理想，确立科学的信念；错误的思政教育能使人形成卑劣的理想，使人接受非科学的信念。例如，用马克思主义的科学理论教育人们，就能使人们树立为在 21 世纪实现我国社会主义现代化的共同理想，树立为实现共产主义而奋斗的崇高理想，确立社会主义和共产主义的信念；如果用封建迷信去教育人，就能把人引向深渊，引向自我毁灭的道路。因此，思政教育对人们的理想、信念起着方向性的指导作用，即起着导航的作用。

3. 对行为的导航

行为是指受人们思想支配而表现在外的活动，即人们的行动、动作和作为。人的行为是极其复杂的，有经济行为、政治行为、法律行为、道德行为、宗教行为、精神文化行为，还有生理行为、操作行为等。

在人的复杂行为中，有正确的行为，也有不正确的行为。人的行为是受思想支配的，思想是行为的先导，行为是思想的反映。而人的思想又是各式各样的，有正确思想，也有错误的思想，不同的思想会产生不同的行为。

人的思想不是天生的，而是思政教育的结果。不同的思政教育会使人形成不同的思想，不同的思想又会导致不同的行为。因此，思政教育对人们的行为最终起着导航的作用。

随着人类实践经验的积淀，人们形成了一定的行为规范，如政治、经济、道德、法律等行为规范。人们的行为规范又是千差万别的，有先进的、正确的，也有落后的、错误的，不同的行为规范会使人们产生不同的行为。

人们的行为规范是在实践中积累起来的，国家通过思政教育把它们传播、灌输给人们，使人们将其内化为自己的思想信念，并逐渐转化为他们的行为。然而，不同的思政教育会使人们按照不同的行为规范方向活动。先进的、正确的行为规范教育，能使人们沿着正确方向前进，相反，则会使人们沿着错误方向行进。因此，思政教育对人们的行为起着导航作用。

以上对思政教育的导航功能进行了一些探讨，其实它的导航功能远不止这些，随着实践的发展，其导航功能也会不断得到扩展。

4. 对思想道德和科学文化教育的导航

科学文化和思想道德文化是人类文明的结晶，是人类社会发展的精神产物，是在人类社会的长期发展过程中逐渐积淀下来的精神财富。它们的性质归根结底是由社会的物质生产方式所决定的，是由社会经济基础直接决定的。同时，各个阶级都有自己的思想道德和科学文化教育。但是，科学文化教育和思想道德教育本身是没有方向性的，它具有怎样的性质？属于哪个阶级？沿着哪个方向发展？它们同社会的经济基础直接相关，也同思政教育密切相关，即用哪个阶级的思想政治来进行教育，关系到思想道德和科学文化教育的阶级性质和发展的方向。事实上，任何阶级的思想道德和科学文化教育都是在一定的思想政治指导下进行的，而这些建设中又渗透着思政教育，思政教育成了这些建设的灵魂。就是说，思政教育对思想道德和科学文化的发展起着导航的作用。如果用资产阶级的思想政治去进行教育，那么，思想道德教育就会沿着资本主义的方向航行，科学文化教育就会成为资产阶级的统治工具，这时思想道德和科学文化教育就具有了资产阶级的性质。如果以马列主义即用无产阶级的思想政治去进行教育，就会使思想道德教育沿着社会主义的方向发展，使科学文化教育为无产阶级服务，这时的思想道德和科学文化教育就具有了无产阶级的性质。因此，无产阶级的思政教育能确保思想道德和科学文化教育沿着社会主义、共产主义的方向前进。

（二）育人作用

思政教育是以人为对象的，是以塑造和培养人的思想政治品德为任务的。因此，育人功能是思政教育的基本功能。

人的思想政治品德素养不是先天形成的，而是后天培养教育的结果。英国哲学家洛克说："我们的心灵是一张白纸，上面没有任何记号，没有任何观念，一切观念和记号都来自后天的经验。"我们的全部知识是建立在经验上面的；知识归根到底都是导源于经验的。洛克的看法是唯物主义的。从母体中诞生出一个新的生命时，他们的头脑中一片空白，随着新生命体的发育，家长们教孩子说话、走路，到三四岁时，孩子有了自我意识，家长、幼儿园教师通过讲故事、教歌谣等方式向孩子灌输做好人、不做坏人的思想。此后，社会、家长、学校不断对青少年进行思想政治品德等方面的教育。这就是说，我们是通过思想政治品德教育来培养和塑造青少年一代的。在人的成长中，人一刻也离不开思政教育，国家通过思政教育来培养一代代的人们。

但是，不同的思政教育会培育和塑造不同类型、不同性质的人。在奴隶社会中，奴隶主阶级为了维护自己的经济地位和政治统治，开办各种学校，向青少年和整个社会灌输奴隶主阶级的政治思想，即灌输君臣、父子、等级、特权思想，培养效忠奴隶主阶级的接班人。在我国的封建社会中，封建地主阶级极力灌输"三纲五常""三从四德"思想，灌输君君、臣臣、父父、子子的思想，提倡忠孝节义，以培养封建地主阶级的接班人。在资本主义的社会中，资产阶级在"自由、平等、博爱"的口号下竭力向人们宣扬"金钱万能论"和利己主义的人生观、价值观，培养资产阶级的接班人。在建立了生产资料公有制的社会主义社会中，无产阶级进行着"为人类幸福工作""为人民服务"的教育，培养造就无产阶级革命事业的接班人、社会主义的建设者和共产主义一代新人。

（三）调节作用

思政教育的调节作用是指通过民主、说服、调解、沟通、咨询、评价等多种方式，对大学生的心理、情绪、人际关系等方面进行调节，从而达到提高大学生的思想觉悟、建立新型的人际关系的目的，以促进和谐校园、和谐社会的建设。

事物总是在不断运动、变化和发展的，大学生的思想也是如此。大学生思想的变化有两种可能性：一是向正确的、积极的、进步的方面变化；二是向错误的、消极的、落后的方面变化。这就要求多媒体时代高校思政教育者必须及时了解大学生思想的变化并及时加以调节：推进第一种变化，抑制第二种变化，并尽可能使第二种变化降到最低程度。

调节功能需要通过一定的途径或手段来实现。多媒体时代高校思政教育调节的途径主要有如下方面。

1. 心理调适

大学生的任何一种活动都伴随有一定的心理现象。大学生的思想问题与心理因素紧密相关。例如，大学生的自卑、抑郁、恐惧、焦虑、厌世、偏执、逆反等心理问题往往与大学生的某些思想问题紧密相关。因此，教育部曾多次发文，要求高校在对大学生进行思政教育时，要及时了解大学生心理活动的规律和特点，开展好心理健康教育工作。运用心理调适方法（如心理咨询法、消极情绪调节法、身体锻炼调节法、角色换位法等），就是为了有效地解决大学生的思想问题，帮助大学生克服心理障碍，提高其心理健康水平。

2. 情绪调控

情绪是大学生心理的一个重要方面。在日常生活中，人们尝试着对情绪进行调节和控制，情绪是日常生活中不可或缺的一部分。

大学阶段是人生的第二个"心理断乳期"，是一个非常关注自我、注重个性表达、情绪体验丰富、情绪波动起伏较大的时期。大学生的情绪可分为积极情绪和消极情绪两种。

大学生在学习、工作、生活中，经常会遇到这样或那样的矛盾、困难和挫折，如学习与勤工俭学的矛盾、学习与工作的矛盾，经济困难，恋爱挫折、学习挫折、人际关系冲突等，这些都可能引起他们消极情绪的产生，这种消极情绪如果得不到消除，就可能给社会、他人和自己带来不良影响。

多媒体时代高校思政教育要调控的就是大学生的消极情绪。对此，可以通过化解矛盾、疏通思想、分析原因、转移注意力、重定目标、体育锻炼等方法来使情绪得到宣泄、转移，使大学生的情绪得到控制。

3. 人际关系调节

大学生的人际关系是指大学生个体在与他人的交往中所形成的人际关系，它从微观层面反映了大学生人际关系的状态、影响和作用。大学生人际交往应该建立在平等、尊重、互爱、互信、互助、协作的基础上。

多媒体时代高校思政教育对建立社会主义新型人际关系，对大学生个体的学习、生活、工作、成长和群体的发展，都具有不可忽视的作用，主要表现在以下几方面。

一是能促进人际交往，增进了解，改变人际态度，调适人际关系。

二是能化解双方矛盾，理顺双方关系，促进问题的解决。

大学生在人际交往中，有时会因这样或那样的问题而产生矛盾和冲突。这些矛盾如果处理不好，就有可能激化。多媒体时代高校思政教育的日常工作之一就是要做好这方面的调节处理工作，引导大学生与他人、与某些相关单位和部门化解矛盾、消除冲突，遵循人际关系的处理原则，为建设和谐寝室、和谐校园以及和谐社会做出贡献。

第二节　思政教育的目的

一、思政教育目的的依据

思政教育的目的不是人们主观随意确定的，而是对社会存在和发展的反映。思政教育目的受多种因素的影响，一个目的的形成往往是多种因素综合作用的结果。然而，各个因素对思政教育目的形成的作用是不平衡的，这就要求我们抓住主要因素，恰当地确定思政教育目的。

（一）社会的发展水平与客观要求

思政教育作为一种社会实践活动，要为社会的发展和进步服务，其目的就必须反映出社会发展的客观要求，必然受到一定社会历史条件的制约，也就是要受到生产力与科技发展以及社会经济政治制度的制约。社会生产和科学技术的发展水平是确定思政教育目的的基础。马克思主义认为，社会发展水平最终是由生产力的发展水平来决定的。生产力的发展不仅为教育对象的体力、智力以及思想道德素质的发展创造了条件，而且也对教育对象各方面的发展提出了更高的要求。从这个意义上讲，思政教育水平最终为生产力发展水平所制约；随着生产力水平的提高和科学技术的迅猛发展，这种制约作用越来越大，相应地，思政教育的水平也将越来越高。人类历史的发展进程表明，生产力和科学技术的发展水平不同，社会对受教育者的思想品德的要求也就不同。在多媒体时代，知识经济和信息化已经成为社会的重要特征，社会生产、管理越来越科学化、知识化、信息化和智能化，文化趋向多元化，这不仅对社会成员的文化与科技素质提出了新的要求，而且对其思想道德素质也提出了更高的要求，思政教育必须加大对教育对象道德价值评判与选择能力的培养，这应成为新时期思政教育的重要内容。

一定社会的生产关系以及由此而产生的社会经济、政治制度对思政教育目的的规定起着直接的决定作用。马克思和恩格斯曾经指出："一个阶级是社会上占统治地位的物质力量，同时也是社会上占统治地位的精神力量。支配着物质生产资料的阶级，同时也支配着精神生产的资料。"在阶级社会里，不同阶级由于其经济利益和政治利益的不同而有不同的教育目的，其中统治阶级的教育目的反映了统治阶级的经济和政治利益，在社会上占有统治地位。思政教育作为一种重要的教育实践活动，是一定的阶级或政治集团，为实现一定的政治目标，有目的地对社会成员施加意识形态影响，使其形成本阶级所需要的思想品德的社会实践活动。因此，思政教育目的为一定社会的经济、政治制度所决定，在阶级社会中具有鲜明的阶级性。

由于中国共产党的奋斗目标反映了我国社会发展的客观要求，因而依据社会发展的水平和要求确定思政教育目的，在我国就具体表现为要依据党的奋斗目标来确定，思政教育目的应同党的奋斗目标保持一致。党的最终目标是实现共产主义，这一目标决定思政教育的根本目的就是要用共产主义思想教育、动员和激励受教育者为实现共产主义而努力奋斗。受教育者在奋斗的过程中，要不断提高自己的思想道德素质，使自身得到全面发展，成为社会主义新人。当然，实现共产主义的过程，要经过长期艰苦的奋斗历程和许多阶段，党在每个阶段的奋斗目标既有联系又有区别。思政教育要以共产主义思想为指导，根据不同阶段党的奋斗目标来确定不同时期思政教育的目的。同时，党在一定阶段的奋斗目标要分解到各领域、各部门，党在各领域、各部门的具体目标也各有不同。各领域思政教育的目的必须与党在该领域的奋斗目标保持一致，以使各领域的思政教育工作落到实处。当前，思政教育工作者要围绕实现社会主义现代化这一党在现阶段的奋斗目标确定思政教育目的。思政教育领导部门和教育者一定要准确把握党的基本路线，明确党在新时期的奋斗目标，并为这一目标的实现而进行科学的战略部署，明确思政教育的目的，以组织和动员全体人民为实现社会主义现代化而奋斗。

（二）受教育者精神世界发展的需要及思想实际

作为一种塑造人的社会实践活动，思政教育不是一种单向度地向受教育者施加影响的活动，而是教育者与受教育者之间双向互动的过程。作为对教育对象思想品德的要求，思政教育目的必须充分考虑到受教育者精神世界发展的需要及其思想品德的实际。

思政教育要达到提升人的精神品质和促进人的全面发展的目的，就必须尊重和了解受教育者的需要，否则就会使受教育者失去接受教育和自我教育的动力。因为需要是人生命活动的内在根据和社会发展的原动力，思政教育只有遵循人的需要发展的规律，才能获得根本的动力支持。在社会主义社会中，受教育者在成长的过程中会产生多种多样的精神需要，如学习的需要、提升道德修养的需要、政治素养得以提升的需要、建立和谐的人际关系的需要、获得尊重的需要、取得自我成就的需要、才能得以发挥的需要等。只有满足受教育者的这些需要，思政教育才会产生好的效果。因此，确定思政教育目的时，必须考虑教育对象多角度、多层次的精神需要。唯有如此，才能使教育对象的内在精神需求得到积极的正向的发展，思政教育目的也才能为教育对象所真正接受，并内化为他们的个人目标，成为其行动指南。如前所述，我国思政教育的根本目的内在地包含着满足教育对象精神世界发展需要的内容，因此我们在确定具体目的时也必须考虑这一因素，这是确定思政教育目的的内在要求。在确定思政教育目的时，还必须考虑教育对象思想品德的实际状况。在现实的思政教育活动中，教育对象是分为不同类型、不同层次的；而不同类型、不同层次的教育对象的思想状况又是有差别的。这就要求我们在确定思政教育目的特别是具体目的时，要充分考虑教育目的与教育对象思想状况之间的紧密关系，考虑教育对象的接受可能性，以恰当地确定思政教育目的。如果忽视受教育者的思想实际，就有可能把具体目的定得过低或过高，从而影响思政教育的成效。教育对象的层次性决定了思政教育目的的层次性。在统领全局的思政教育根本目的的指导下，思政教育的具体目的也必须是多层次的。思政教育者必须根据教育对象思想品德的实际情况来确定各行业、各部门、各单位思政教育的具体目的。

上述两方面依据相互联系、相互制约，从不同层面对思政教育目的提出了不同的要求。我们在确定思政教育目的时，不能将其分割开来，而应将其视为一个整体，力求使教育目的同时满足上述两个方面的要求。

二、思政教育目的的特征

（一）方向性和客观性的统一

思政教育目的的方向性特征是由目的的方向性所决定的。我们在确定思政教育目的时必须保证其方向的正确性。因为思政教育目的方向的正确与否直接关系到思政教育活动的性质和实际效果。具体来说，我国思政教育目的必须充分体现社会主义的性质和发展方向，必须为社会主义现代化建设事业服务，为实现党和国家发展战略服务，为人的全面发展服务。同时，思政教育目的又必须以社会生活条件和教育对象的思想实际为前提和基础，这是思政教育目的客观性的突出表现。在确定思政教育目的时，必须将方向性和客观性有机统一起来。

（二）一元性和多元性的统一

思政教育的根本目的是一元的，即提高全体社会成员的思想道德素质，促进人的全面发展，这是由我国的社会主义制度和思政教育的性质所决定的。具体目的则是多元的，具体目的的多元性首先是由思政教育对象的层次性所决定的。在现实生活中，教育对象的情况千差万别，因而对不同教育对象如工人、农民、公务员、教师、学生等进行思政教育时，其具体目的理所当然应该有所不同。即使是对同一类型教育对象进行思政教育，由于个体的具体情况不同，具体目的也应有所不同。只有根据不同教育对象的实际情况确定思政教育的具体目的，才能使具体目的更贴近教育对象的思想实际。这也是由党在不同领域、不同部门的具体目标所决定的。党在现阶段的奋斗目标是实现现代化，建设社会主义和谐社会，这个奋斗目标要分解为各个领域、各个部门的具体目标，各领域、各部门的思政教育都要为实现这些具体目标而努力。这样，不同领域、不同部门乃至不同单位的思政教育的具体目的就必然呈现出一定的差异性。总之，由于教育对象的思想特点会随着社会的变迁而变化，由于党在各个历史时期的具体奋斗目标不同，思政教育在不同历史时期就会有不同的具体目的。换言之，思政教育的具体目的会随着社会历史条件的变化而变化，具有历史性。在社会生活发生变化以后，我们应该适时地提出新的具体目的，引导受教育者与时俱进，不断提高其思想道德素质。

（三）超越性和可行性的统一

思政教育目的的超越性主要表现在如下两个方面。一是思政教育对社会生活应保持一定的超越性，思政教育目的要求应高于教育对象的现实的思想品德水平。科尔伯格指出："不管以阶段五还是阶段六来规定学校道德教育应达到的水平，都不要紧。但可以肯定地说，不能以比这两个阶段低的阶段的道德概念去规定道德教育的目的。对于年幼的儿童，我们在传授道德信息时确实可能会犯水平过高或水平过低的错误，而犯水平过低的错误比犯水平过高的错误更糟糕，这是因为，在信息水平过低的情况下，儿童会失去对所传递的信息的尊重。"思政教育的目的是解决社会要求的思想品德规范与受教育者现有思想品德水平之间的矛盾，如果思政教育目的缺乏超越性，那就无法完成这一任务，思政教育也将失去存在的意义。二是思政教育目的产生于思政教育活动之前，具有时间上的超前特性。思政教育目的不仅应具有超越和超前的特点，还应具有可行性特征。也就是说，在确定思政教育目的时，应充分考虑社会发展及教育对象思想品德发展的实际。思政教育目的是对思政教育对象影响的预期，要实现这一预期目的，就必须考虑思政教育的客观条件，考虑教育对象的接受状态。如果思政教育目的及其指导下的教育活动不能进入教育对象接受的范围，思政教育目的就会被教育对象束之高阁，难以发挥作用。

超越性和可行性是思政教育目的的既有区别又有紧密联系的两种特性。超越性建立在可行性的基础上，可行性则受到超越性的制约，两者是有机统一的。

三、思政教育目的的类型

思政教育目的是指通过思政教育活动，在受教育者的思想和行为方面所期望达到的结果。换言之，思政教育目的是教育者依据社会发展的要求、受教育者精神世界发展的需求等对受教育者思想品德方面的质量的一种期望和规定。思政教育目的是开展各项思政教育活动的依据和动力，体现出思政教育的价值取向。

思政教育目的不是单一的，而是一个目的体系，我们可以根据一定标准将其分为不同的类别和层次。

（一）根本目的和具体目的

这是按目的在思政教育目的体系中的地位所做出的划分。

我国的思政教育以共产主义为方向，直接作用于人的思想品德，是培养人的思想道德素质的活动。思政教育的这一性质规定了我国思政教育的根本目的是提高人们的思想道德素质，促进人的自由全面的发展，激励教育对象为建设中国特色社会主义，并最终实现共产主义而奋斗。这一根本目的包含相互联系的两个方面。一是提高教育对象的思想道德素质。思政教育是满足人们精神世界发展需要的一种方式，是提升人的精神品质的社会实践活动，提高人的思想道德素质是这一活动的内在目的。思政教育的目的就是要使受教育者具备良好的思想道德素质，如崇高的理想、优良的品德、强烈的事业心和责任感等。而优良的思想道德素质不仅是人们其他方面发展的保证，而且是人们发挥参与现代化建设积极性的内在基础。可见，提高受教育者的思想道德素质，可以更好地激励其为建设中国特色社会主义、实现共产主义而努力奋斗。二是促进人的自由全面的发展。人的自由全面的发展既是共产主义的崇高理想，也是社会主义的本质要求。社会主义的本质是解放生产力、发展生产力，最终落脚点是人的自由全面的发展，而这正是思政教育的终极目的。思政教育是通过人这个中介作用于社会生活的。只有促进人的自由全面的发展，才能使受教育者更积极、更主动地投身于中国特色社会主义建设事业中，也才能为共产主义的实现创造条件。

思政教育的根本目的是思政教育的最高目的也是终极目的，指明了思政教育活动的方向。但这并不是说根本目的是虚设的、不起作用的。根本目的是思政教育的灵魂，是长久起作用的目标，是团结和动员思政教育者及受教育者共同奋斗的旗帜。没有这面旗帜，思政教育就会改变性质。因而这一根本目的对于思政教育具有极其重要的意义，它规定了思政教育的共产主义方向，思政教育的一切活动都要符合这个根本目的。

思政教育的根本目的可以看作一个长远目标，它要经过人们长期的努力奋斗才能达到。在思政教育过程中，这一长远目标须分解为一个个具体目标，以指导思政教育的具体活动。通过一个个具体目标的实现，才能一步步向长远目标迈进。可见，具体目的是根本目的的具体化，其作用在于把思政教育任务落实到思政教育机构或教育者个人身上，故我们又可将其称为操作目标。思政教育的大部分工作都是由相关机构或教育者来完成的，因而具体目的对于思政教育来讲也是很重要的。

（二）个体目的和社会目的

这是按作用对象对思政教育目的所做出的划分。

思政教育的个体目的是指通过思政教育活动，在教育对象个体思想和行为方面所期望达到的结果，包括心理素质目的、思想素质目的、道德素质目的和政治素质目的等。其中，心理素质目的是基础，思想素质目的是前提，道德素质目的是重点，政治素质目的是核心。思政教育的社会目的是指通过思政教育活动，使全体社会成员在思想和行为方面达到预期的效果。社会目的比个体目的层次更高，包括政治目的、经济目的和文化目的。政治目的是实现经济目的的根本保证，决定着文化目的的性质和内容；经济目的是政治目的和文化目的的基础；文化目的受政治目的和经济目的的制约，但又是政治目的和经济目的实现的必要条件。思政教育社会目的对思政教育个体目的起主导和支配作用，决定着个体目的的形成、发展和实现，而个体目的又是思政教育社会目的实现的基础。

（三）远期目的、中期目的、近期目的

这是按时限对思政教育目的所做出的划分。

远期目的又称长远目的，是指经过长时间的努力方能实现的思政教育目标，在某种意义上可看作在一个长时期内要完成的基本任务。它反映的是社会发展的客观趋势和受教育者精神世界发展的长远需要，对思政教育活动具有长远的指导意义。远期目的的作用在于它能够给思政教育活动指明具体的前进方向和

奋斗目标；没有远期目的，思政教育的根本目的就会模糊不清，思政教育活动就会失去方向。思政教育的中期目的是指需要经过较长时间的努力才能实现的思政教育目标。它实际上是对远期目的所做的进一步的划分。没有中期目的，远期目的将难以有效实现。思政教育的大部分活动都是要达到近期目的的，因而这一目的对思政教育很重要，对思政教育活动具有直接的指导作用。思政教育的远期目的、中期目的和近期目的相互影响、相互制约，远期目的指导和制约着中期目的和近期目的，中期目的是联系远期目的和近期目的的桥梁和纽带，起着承前启后的作用，近期目的是中期目的和远期目的实现的基础。

（四）观念性目的和指标性目的

这是按抽象程度对思政教育目的所做出的划分。

思政教育的观念性目的以抽象概念的形式表现出来，集中反映了思政教育目的的社会价值、发展价值和整体需要，具有明确的指向性和激励性。思政教育的指标性目的是由一系列以指标形式表现出来的具体目的所组成的，是思政教育的观念性目的的具体化，人们可借助这套指标对思政教育活动进行具体检测或比较。在思政教育目的体系中，这两类目的都是必不可少的。没有思政教育的观念性目的，思政教育的指标性目的就会失去依靠，就不能对政治教育活动进行有效的评估。

四、多媒体时代思政教育的目的

与传统的思政教育方式相比，多媒体时代思政教育具有针对性强、时效性强、信息量大、传播速度快、覆盖范围广等特点。网络上的信息内容生动而广泛，而传统的思政教育方式单一且内容枯燥，容易使受教育者产生厌烦心理，因而达不到良好的教育效果。互联网上的信息不仅有文字形态的，还有声音、图片和动画形态的。这些图文和音像信息使学生犹如身临其境，从而可使思政教育达到最佳的教育效果。

另外网络具有跨时空性。不同地区乃至不同国家的学生都可以通过网络实现资源共享。网络的跨时空性极大地缩短了教师与学生之间的距离，学生可以通过丰富多彩的网上交流活动，对国内外的重大热点问题进行讨论，也可以随时就某些困惑不解的问题在网上向教师进行咨询和请教。这种让学生变被动为主动的思政教育形式，更有利于思政教育工作效果的达成。网络还具有快捷性和及时性的特点。当代大学生的思想认识、价值观念、思维方式等呈现出个性化、多元化、复杂化的特点。网络技术的应用大大缩短了知识和信息传播的周期，从而也极大地提高了思政教育工作的效率。网络具备很好的互动性。如果思政教育工作者能很好地利用网络，就可以调动起学生的主观能动性，从而体现"自我教育"和"自我帮助"的特点。特别是网络的匿名性特点，可使学生更容易地说出自己的真实想法，因而更能发挥思政教育的效果。

第三节　思政教育的任务

一、思政教育任务的确立依据

第一，培育"四有"新人是社会发展进步的客观要求。从总体上看，人类社会总是不断发展进步的。社会的高度文明包括物质文明、政治文明和精神文明，在客观上都要求社会成员的思想道德素质和科学文化素质达到较高的水平，要求社会成员获得全面发展。在社会主义社会，培育"四有"新人不仅是必要的，而且也是可能的。思政教育致力于培养"四有"新人，这既是社会主义文明建设的需要，又为社会发展到更高文明创造了条件，能够满足社会不断发展进步的要求。

第二，培育"四有"新人是社会主义精神文明建设的内在要求。在建设社会主义物质文明和政治文明的同时，建设以马克思主义为指导的社会主义精神文明，是社会主义社会的重要特征。《中共中央关于社会主义精神文明建设指导方针的决议》指出："社会主义精神文明建设的根本任务，是适应社会主义现代化建设的需要，培育有理想、有道德、有文化、有纪律的社会主义公民，提高整个中华民族的思想道德素质和科学文化素质。"思政教育是社会主义精神文明建设的中心环节和基本形式，其根本任务、工作中心的确定必须与精神文明建设的根本任务相一致。思政教育要促进社会主义精神文明建设，充分发挥其在精神文明建设中的作用，首先就要致力于培养"四有"新人，因为一代社会主义新人乃是建设高度的社会主义精神文明的重要条件，也是精神文明建设的落脚点。同时，思政教育本身就是培养人的事业，理应把全面提高人的素质放到首要地位。可见，将培育"四有"新人作为思政教育的根本任务，既是建设高度的社会主义精神文明的需要，也体现了思政教育的本质，抓住了思政教育的中心。

第三，培育"四有"新人是发展市场经济，建设和谐社会，实现社会主义现代化的内在要求和根本条件。大力推进市场经济，建设社会主义和谐社会，加快现代化建设步伐，需要包括经济、政治、科技、资源、政策、法规等多方面的条件，而其中最重要的条件是要有一代新人。因为人是社会活动的主体，是发展市场经济、建设社会主义和谐社会的主体。在社会主义现代化进程中，人是一个基本的因素。只有全面提高社会成员的思想道德素质和科学文化素质，使人这一现代化建设的主体充满积极性、主动性、创造性，经济、政治等方面的条件才能得到充分利用，才能顺利完成从计划经济体制向社会主义市场经济体制的转轨，才能实现又好又快且可持续的经济发展，从而全面推进社会主义现代化的进程。可见，人的因素在市场经济建设和整个社会现代化建设中处于举足轻重的地位。实践表明，没有人的素质的全面提高，没有一代"四有"新人，市场经济的发展和各方面的现代化都会受到严重制约。只有培养出一代具有较高思想道德素质和科学文化素质的社会主义新人，才能推动社会主义市场经济的发展，满足社会主义现代化建设的需要。

二、思政教育任务包含的内容

（一）道德品质教育是基础

开展道德教育，要按照我国颁布的《公民道德建设实施纲要》的指导思想、方针原则、主要内容进行，坚持以为人民服务为核心，以集体主义为原则，以爱祖国、爱人民、爱科学、爱劳动、爱社会主义为基本要求，以社会公德、职业道德、家庭美德为着力点，使道德教育既坚持社会主义的主导方向，又具有多样性。

十九大报告提出要加强思想道德建设，"深入实施公民道德建设工程，推进社会公德、职业道德、家庭美德、个人品德建设，激励人们向上向善、孝老爱亲，忠于祖国、忠于人民"。其将公民道德建设摆到了更加重要的位置，为进一步提升公民素质指明了方向。

从当前看，乡村村容村貌大变样，人们的文化生活也日益丰富，然而，一些农村仍然还有陈规陋习，如婚丧嫁娶中的大操大办、土葬等。这些陈规陋习带来了诸多的问题：大操大办表面上看风风光光，背后却欠下难以还清的人情债，他人送礼给你，欠礼总是要还的，一来二往，导致恶性循环；土葬占用土地资源，使原本紧张的土地资源更为紧张。陈规陋习不仅助长了奢侈浪费之风，而且增加了村民的负担。破除陈规陋习绝非个人的私事，事关乡风民风建设，事关脱贫攻坚成效，等等。为此加强公民道德建设、大兴乡村文明新风显得非常的紧迫。

加强公民道德建设，发挥乡规民约的作用。在新的时代人们的物质和文化生活有了显著的提高，各方面的变化相当的大，尤其是在农村，农民收入稳步增长，生活一天比一天好，吃讲究营养，住讲究宽敞，穿讲究新潮，农村到处展现出一种新气象。在物质和文化生活得以满足的同时，更需要从素质上予以提升，坚持勤俭节约、反对铺张浪费，扬正气树新风，营造健康向上的良好风尚，除了进行公民道德教育宣传之外，还须通过村规民约来对公民行为进行约束，《江西省农村"推动移风易俗促进乡风文明"行动方案》明确了治理环境卫生脏乱差，整顿大操大办风气，遏制重殓厚葬，整治农村赌博等八大任务。现今，每个村都建立了移风易俗理事会，笔者在大余县了解到，该县设立耻辱榜、提高榜、庆幸榜，让不文明现象曝光，目前该县已经全部实行了火葬，其大操大办的奢侈之风得到了遏制。

加强公民道德建设，注重先进文化的引导作用。农村道德建设相对较薄弱，假如不用先进文化去占领意识形态阵地，一些陈规陋习将乘虚而入，要树文明新风，就必须发挥先进文化的引领作用，不断壮大城乡基本文化阵地。既要"送文化"更要"种文化"，如今江西农村已经实行农家书屋、村镇文化站、乡村舞台、健身广场全覆盖；大力开展读书看报、写字绘画、吹拉弹唱、体育健身等有益的活动，并且以群众喜闻乐见的形式将身边的事自编自演，以典型引路，抵制陈规陋习；用道德文化和舆论的力量营造健康向上的氛围。大余县经过多年努力，使公共文化的空间不断扩展，不断丰富了农村群众文化生活和促进了农村文明新风的形成。

加强公民道德建设，为乡村振兴战略提供强有力的支撑。十九大报告提出，要实施乡村振兴战略，要坚持农业农村优先发展，按照产业兴旺、生态宜居、乡风文明、治理有效、生活富裕的总要求，建立健全城乡融合发展体制机制和政策体系，加快推进农业农村现代化进程。我国把乡风文明摆到了重要的位置，乡村振兴不仅要让农民收入提高，更要使农民的道德素质大大提升，使其抵制各种不道德的行为，以正压邪，共同筑造精神家园，使人民的生活富裕起来，让其精神充实起来，有更多的获得感和幸福感，为乡村振兴战略提供强有力的支撑。

公民道德建设的重点在农村，难点在农村。农村范围广、人口多，我们要大兴乡村文明之风，在提高村民收入的同时，提高村民的素质，做到精神文明建设与物质文明建设同步，实现乡村振兴，加快解决"三农"问题。

（二）理想信念教育是核心

社会主义理想信念教育是思想建设的核心内容，是思政教育的根本任务。

中国共产党人在革命战争年代已解决了"理想信念问题"，在中国革命胜利后，在改革开放、全面建设小康社会的今天，我们的理想信念教育遇到了新的情况，面临着新的考验。

随着改革开放的深化、市场经济体制的建立，人们的社会生活方式日趋多样化，人们的思想观念、行为方式也发生了改变。面对许多前所未有的新矛盾、新问题，一些人感到迷茫，缺乏明确的理想信念与价值标准。

（三）爱国主义教育是重点

爱国主义是中华民族的光荣传统，蕴含着最为深厚的历史情感，是全国各族人民共同的精神支柱，鼓舞和激励着全国各族人民为祖国事业而团结奋斗。

爱国精神的培养是一个能动的过程，是受主体社会生活实践经验和认识能力的发展水平所制约的，是一个主体不断进行自我概括、自我内化和自我拓展的过程。爱国主义教育的任务是以爱国心理为基础的，对青少年进行系统的中国历史，特别是中国近现代史教育，使青少年从历史逻辑的高度认识和把握中华民族发展的规律与趋势。同时，要站在世界的高度，对青少年进行中国化马克思主义理论教育，引导青少年认识中华民族的历史命运与中国化马克思主义理论的本质关联，使理论升华为朴素的爱国情感。只有这样，才能把感性的、分散的、不稳定的爱国心理上升为理性的、集中的、坚定的爱国信念。

因此，爱国主义是我国社会的精神主题，爱国主义教育是思政教育的重点。

（四）科学思维方式是补充

我们处在一个变革的时代，社会生活的方方面面都在发生着激烈的变化。适应和推动这种变化，帮助人们转变观念、冲破旧的思维模式的束缚，培养和建立新的、现代化的科学思维方式，也是思政教育的重要任务。

三、思政教育完成新时期任务的基本要求

思政教育的根本任务为确定一定时期思政教育的主要任务以及具体任务指明了方向。在任何时候，思政教育的主要任务以及具体任务都要有利于教育对象思想道德素质的全面提高。这是由思政教育的根本性质所决定的，是思政教育任务的共性。因此，尽管完成不同层次任务的具体要求不同，但无论哪一层次任务的实施都必须遵循下列要求。

（一）构建社会主义核心价值体系

社会主义核心价值观的内容是在十八大上首次提出的，其内容是要倡导富强、民主、文明、和谐，倡导自由、平等、公正、法制，倡导爱国、敬业、诚信、友善，积极培育和践行社会主义核心价值观。这与中国特色社会主义发展要求相契合，与中华优秀传统文化和人类文明优秀成果相承接，是我们党凝聚全党全社会价值共识作出的重要论断。富强、民主、文明、和谐是国家层面的价值目标，自由、平等、公正、法治是社会层面的价值取向，爱国、敬业、诚信、友善是公民个人层面的价值准则，这24个字是社会主义核心价值观的基本内容，为培育和践行社会主义核心价值观提供了基本依据。

在加强邓小平理论教育的同时，还要坚持用"三个代表"重要思想和马克思主义中国化的最新成果教育广大群众。同时要以培养担当民族复兴大任的时代新人为着眼点，强化教育引导、实践养成、制度保障，发挥社会主义核心价值观对国民教育、精神文明创建、精神文化产品创作生产传播的引领作用。社会主义核心价值观教育是新时代高校教育的重要组成部分。大学生正处在世界观、人生观、价值观形成和确立的重要时期，抓好这一时期的社会主义核心价值观教育非常重要。我们要通过有效举措增强社会主义核心价值观教育的仪式感，这有助于提升大学生对社会主义核心价值观的敬畏心和敬重感，促使其转化为大学生的情感认同和行为习惯。

（二）突出当今时代主旋律思政教育

爱国主义、集体主义和社会主义教育是我们时代的主旋律，是当前思政教育的核心和重点内容。新时期思政教育应牢牢把握这一重点和核心，坚持用爱国主义、集体主义、社会主义思想培养"四有"新人。

突出主旋律教育，要帮助受教育者正确理解爱国主义、集体主义、社会主义的科学内涵及时代特征，并引导受教育者将其内化为自身行动。爱国主义是一个历史范畴，在不同的国家、不同的历史时期有不同的内容。在我国现阶段，"爱国主义主要表现为献身于建设和保卫社会主义现代化事业，献身于促进祖国统一事业"。进行爱国主义教育，在今天就是要引导受教育者热爱社会主义祖国，坚持党在社会主义初级阶段的基本路线，为振兴中华、实现社会主义现代化而努力奋斗。集体主义是社会主义社会思想道德领域最基本的价值导向，其实质就是集体利益高于一切，全心全意为人民服务。集体主义一向是我国思政教育的核心内容，在新的历史条件下，思政教育仍然必须坚持对受教育者进行集体主义价值观教育不动摇。社会主义是以生产资料公有制为基础的社会制度，本质是解放生产力，发展生产力，消灭剥削，消除两极分化，最终达到共同富裕。进行社会主义教育，就是要帮助教育对象认识到，社会主义一定会代替资本主义，这是人类社会发展的必然趋势；只有社会主义才能救中国，只有社会主义才能发展中国。在市场经济条件下，我们应注意结合人们的思想实际，深入进行社会主义思想教育，帮助受教育者坚定社会主义信念，保证我国始终沿着社会主义道路前进。爱国主义、集体主义、社会主义教育是三位一体、相互促进的。在进行主旋律教育时，一定要全局在胸，注意它们之间的紧密联系，既有所侧重，又使其相互补益、相互促进。只有这样，主旋律教育才能更好地发挥整体效应，如春雨润物般地渗透到受教育者的意识中，使爱国主义、集体主义、社会主义真正变成受教育者思想以及行动上的主旋律。

突出主旋律教育，要引导受教育者树立爱国主义、集体主义、社会主义思想并付诸行动，积极投身到建设中国特色社会主义的伟大实践中。爱国主义、集体主义、社会主义三者统一的基础就是建设中国特色社会主义的实践。换言之，建设中国特色社会主义的实践，充分体现了爱国主义、集体主义、社会主义的有机统一。第一，建设中国特色社会主义是新时期爱国主义的主题。把我国建设成为富强民主文明和谐的社会主义现代化国家，集中反映了全体人民的根本利益和愿望，是新时期国家、民族的前途命脉之所系。因此，新时期爱国主义的基本内涵和最高主题就是建设中国特色社会主义，全面实现社会主义现代化。今天，一切积极投身于现代化建设的劳动者都是真正的爱国主义者。第二，建设中国特色社会主义是对集体主义精神的大发扬。建设中国特色社会主义是一项全民族的事业，是全国人民的共同责任。只有动员和调动一切力量，发挥广大人民群众的积极性，依靠全国人民的共同奋斗，这一伟大事业才能成功。同时，在建设中国特色社会主义的进程中，必然会出现一些矛盾和困难，某些利益关系会失调，只有坚持集体主义价值导向，才能正确处理各种利益关系，化解种种矛盾、克服暂时的困难，从而保证中国特色社会主义建设顺利进行。第三，建设中国特色社会主义是一条符合中国国情的社会主义建设道路，它初步解决了在中国这样一个经济、文化比较落后的国家如何建设、巩固和发展社会主义的一系列基本问题，在理论和实践上都把社会主义事业向前推进了一大步。努力建设中国特色社会主义，就是坚持和发展社会主义。正因为建设中国特色社会主义充分体现了爱国主义、集体主义、社会主义的有机统一，因而进行主旋律教育，最后的落脚点就是引导人们积极投身于这一伟大实践中；在实践中继承和弘扬中华民族的爱国主义精神，坚持集体主义的价值导向，坚持社会主义信念，为实现社会主义现代化而努力奋斗。

　　综上所述，爱国主义、集体主义、社会主义是当前思政教育的主旋律。在建设中国特色社会主义的进程中，坚持主旋律教育，就抓住了思政教育的核心，就能更好地用主旋律统一受教育者的思想，协调受教育者的行动，使受教育者积极投身于社会主义现代化的伟大实践中，并在实践中逐步把自己培养成"四有"新人，从而较好地完成思政教育的各项任务。

（三）弘扬中华民族优秀的传统文化

　　《中共中央关于加强社会主义精神文明建设若干重要问题的决议》指出，加强社会主义精神文明建设，要"弘扬祖国传统文化精华"。思政教育是社会主义精神文明建设的基础性工作，是物质文明、政治文明和精神文明建设的基本保证，在教育过程中理所当然地要弘扬中华民族的优秀传统文化，这对于完成思政教育的各项任务，全面提高受教育者的精神素质，具有极其重要的现实意义。

　　中华民族传统文化是中华民族发展史上不同时代文化的累积。作为过去时代精神的反映，传统文化自然有一定的历史局限性，有一些内容是失去了历史存在合理性的糟粕，应当剔除。但毫无疑问，传统文化中也有许多内容超越了自己的时代而揭示出了与人类总体或个体相关的一些永恒问题，这些内容是传统文化的精华，应予以继承和弘扬。比如："有无相生，难易相成""一物两体""分一为二""和而不同""天人合一"的哲学思想；"己所不欲，勿施于人""己欲立而立人，己欲达而达人""老吾老以及人之老，幼吾幼以及人之幼"的伦理思想；"三人行，必有我师焉""有教无类""诲人不倦"的教育思想；"夙夜在公""国耳忘家、公而忘私"的奉献思想；"先天下之忧而忧，后天下之乐而乐""天下兴亡，匹夫有责"的忧患意识和爱国主义情怀；"刚健奋进""自强不息"的进取精神；"杀身成仁、舍生取义"的英雄气概；"富贵不能淫、贫贱不能移、威武不能屈"的立身情操；"苟利国家生死以，岂因祸福避趋之"的献身精神；"鞠躬尽瘁、死而后已"的勤勉精神；"经世致用""济世之穷"的积极用世思想；"民为邦本，本固邦宁""天地之间莫贵于人"的民本、人本思想；"天下为公""世界大同"的社会理想；等等。这些都是中华民族传统文化的精华。这些内容是思政教育可以借鉴及运用的重要的思想资源。在思政教育中，弘扬包括上述内容在内的优秀传统文化，无疑有助于教育对象形成崇高的理想，强烈的爱国主义、集体主义思想，为祖国繁荣昌盛努力奋斗的献身精神以及崇高的精神境界，有助于提高全民的思想道德素质。思政教育应努力"把马克思主义世界观的教育同中华民族的优秀传统文化教育结合起来"，充分发挥优秀传统文化的教育作用，促使一代"四有"新人健康成长。

第四节　思政教育的对象

一、思政教育对象的含义

对象是指观察、行动或思考时作为目标的客体。思政教育的对象是指教育活动中，教育者认识、教育、改造的对象。它有广义与狭义的区分。广义的教育对象包括教育者与受教育者，教育者之所以成为教育的对象，是因为教育者必须先受教育，他在教育、改造别人的同时，还要接受别人的教育、改造以及进行自我教育和自我改造。狭义的教育对象就是指受教育者，即在思政教育实践活动中，在思政教育者的指导下接受、实践相应思政教育内容的人，是思政教育者有意识地对其施加影响，以期使其形成相应思想政治品德素质的对象。受教育者有集体对象和个人对象之分。集体教育对象是相对个人教育对象而言的，它是由许多人结合起来的有组织的整体。思政教育学所说的教育对象是从广义的视角去进行研究的对象，即指一切人。但在具体的思政教育实践中，实践的主体是教育者，教育对象只能是受教育者，也就是说，要重点把受教育者的思想政治品德作为我们认识、改造的对象。

二、思政教育的主要对象——大学生

思政教育的对象主要是大学生，能否对大学生有一个比较全面的认识，无疑是做好多媒体时代高校思政教育工作的前提和基础。

思政教育者必须"承认各个人在成长过程中所表现出来的才能和品德的差异，并且按照这种差异给予区别对待"，努力做到因材施教。在思政教育中，先要对这一特定的教育对象有一个正确的认识，如果对教育对象缺乏科学的认识，就难以把握好教育对象产生思想问题的原因，也就难以做好高校思政教育工作。首先，大学生是具有自然属性和社会属性的人，他们有各种需要。一般而言，人的需要大致可分为五个不同层次，即生理的需要、安全的需要、归属与爱的需要、尊重的需要和自我实现的需要。前两种需要主要是生理需要，属于低层次的需要，后三种需要是社会性的需要，属于高层次的需要。人要尊重这一高层次的需要，相应地，多媒体时代高校思政教育就应该充分尊重大学生的权利，平等对待每一位大学生。教育者不能以"教育者"而自居，必须开诚

布公，充分尊重受教育者的人格。如果教育者居高临下，不把受教育者看成与自己完全平等的一员，而是以权力压人，以大道理训人，以尖刻的语言伤人，其结果不但不能收到入耳、入脑、入心，解决思想问题之实效，而且还会增加对立情绪，使矛盾激化。要把尊重人、理解人、关心人、帮助人，作为多媒体时代高校思政教育必须遵循的一个基本指导原则。只有平等地对待学生，了解每个学生的具体处境和个性，承认他们的不同性格、爱好和兴趣，以诚相待、以理服人、以情感人，多媒体时代高校思政教育才能真正收到实效。其次，大学生是一群独特的人。要尊重他们，对其进行正确引导而不是压制他们。再次，大学生是一群亟待发展的人。每个大学生都是可造就的，多媒体时代高校思政教育者应充分认识大学生身上的潜能和不足，帮助他们解决成长道路上所遇到的实际问题，促进其进步和发展。最后，大学生是多媒体时代高校思政教育的主体，教育者应树立学生是教育主体的观点，相信学生内在的主体能力，改变教育教学方法；要准确把握大学生主体能力的表现形式，为学生构建广阔的活动空间；要努力完善学生的主体结构，进一步探索学生主体活动的规律。

总之，高校思政教育工作者必须树立科学的理念，即尊重学生、理解学生、关心学生、帮助学生的科学教育理念，多媒体时代高校思政教育的一切都是为了学生，为了教育学生、为了服务学生、为了学生的健康成长，这里所说的学生是一切学生。

三、思政教育内容

（一）思政教育

1. 党的基本路线教育

我党在社会主义初级阶段的基本路线是，领导和团结全国各族人民，以经济建设为中心，坚持四项基本原则，坚持改革开放，自力更生，艰苦创业，为把我国建设成为富强、民主、文明、和谐、美丽的社会主义现代化强国而奋斗。高校要紧紧把握这一思政教育的核心内容，在把握本质的基础上，结合多媒体的特点，参考大学生的个性心理特征不断丰富其内涵。

2. 形势政策教育

形势是指国内、国际的时事发展趋势；政策是国家政权机关、政党组织和其他社会政治集团为了实现自己所代表的阶级、阶层的利益与意志，以权威形式标准化地规定在一定的历史时期内，应该达到的奋斗目标、遵循的行动原则、完成的明确任务、实行的工作方式、采取的一般步骤和具体措施。形势政策教育是政治教育的一项经常性的教育内容，其内容涉及社会生活的方方面面，形势政策教育开展的形式包括课堂教学、学术沙龙等。

3. 爱国主义教育

爱国主义教育是指使学生树立爱国思想并为祖国献身的思想教育。爱国主义教育是思政教育的重要内容，爱国主义是一面具有巨大号召力的旗帜，是中华民族的优良传统。爱国主义是人民在深刻理解祖国所代表的各种价值对人类进步所具有的意义的基础上产生的强烈而执着的爱国之情和神圣信念，高校爱国主义教育的内涵在本质不动摇的基础上，还应该继续丰富和发扬。

4. 网络政治素质教育

网络拉近了人与人之间的地域距离，信息传播及时迅速。西方国家以及国家分裂势力也想借助网络"东风""顺势而为"，所以在网络上充斥着西方价值观和国家分裂的言论。这就要求我们构建网络政治素质教育平台，加强大学生对社会主义制度的认识，防止其受"趋同论""资本主义文化"的影响，加强其对党的领导的正确认识，等等。

（二）思想教育

1. 世界观教育

世界观是人们对整个世界的总体看法和根本观点，它是人们对世界本质、人与周围世界的关系、人在世界中的地位和生存价值等一系列基本观点的总和，是人们在实践中对世界本质问题探索的思想结晶，马克思主义世界观是思政教育的核心内容。马克思主义世界观教育主要包括辩证唯物主义教育、马克思主义认识论教育和历史唯物主义教育。

2. 人生观教育

理想是与奋斗目标相联系的有实现可能的信念和追求。人生理想具有层次性，一般可以分为阶段性理想和最高理想。理想教育有利于防止商品交换原则侵入人与人之间的关系和党的政治生活之中，有利于抵制和克服以利己主义为核心的资产阶级腐朽人生观的侵蚀与影响，能够帮助人们在复杂的社会环境中始终保持正确的人生方向。

（三）思想道德教育

道德教育就是对大学生在活动过程中的道德观念、道德行为、道德评价进行正确的引导和规范。道德教育是根据社会发展的要求以及道德教育对象的实际而确定的，它不仅反映道德教育的性质，而且是实现道德教育目标与任务的重要保证。在多媒体背景下，随着网络技术的发展，人的个体能力和人们在一起的群体感受将超越国家和地区等地理性因素的限制而达到全新的水平。因此多媒体环境下，道德教育的内容必然反映网络社会的特殊要求。

多媒体视野下，以网络为平台的道德教育应该贯穿思政教育的全过程，网络道德教育工作者首先应该引导大学生树立网络道德意识，道德是人类理性的表现，是灌输、教育和培养的结果。学校要教育大学生讲究网络礼仪，这中间包括问候礼仪、语言礼仪、交往方式礼仪等方面，要求大学生遵守多媒体环境下的道德规范，网络道德的原则就是诚信、安全、公开、公平、公正、互助。

（四）素质教育

素质教育是以全面提高大学生的基本素质为目的，尊重大学生的主体性和主动精神，着重开发大学生的审美、智慧和创新潜能为内容的。这些内容相互衔接、共同构成了多媒体环境下高校思政教育的概念体系。

素质教育是指一种以提高受教育者诸方面素质为目标的教育模式，它重视人的思想道德素质、能力培养、个性发展、身体健康和心理健康教育。素质教育是育人中的基本教育，是培养人全面发展过程中的重要环节。素质教育具有基础性、全面性、发展性和全体性的特点。

多媒体的出现丰富了素质教育的手段、方法，教育者可以依托多媒体开展各种形式的素质教育。比如，采取图文、声音、视频、动画等多种有效的手段，合理有效优质地选取内容，做到主题明确、内容充实、形式多样，从而增强素质教育的实效性。

第五节　思政教育的主体

一、思政教育主体的含义

要界定思政教育主体的含义，就要先揭示主体的内涵。从人的对象活动中去考察人与对象世界的关系，就出现了主体与客体这两个哲学范畴。何谓主体，不同哲学派别的哲学家对其做出了不同的理解。马克思主义认为，主体是生活在一定的社会关系中，从事社会实践活动的、能动的、现实的人。概括地说，主体是指有目的、有意识地从事实践活动和认识活动的人。

主体是人，但主体和人不是等同的。不是任何人都可以成为主体的，只有具备了一定实践技能、经验和科学文化知识并实际地从事实践和认识活动的人才是真正的主体。主体作为一种存在物，与客体的不同在于其具有自主性、主观性、自为性、社会性等特征。这些特征规定了主体之所以为主体的本质。主体是一个实体范畴，是一种物质性的存在物，是自然与社会、物质与精神、感性与理性、受动与能动的统一体。

二、实施主体性教育

①主体性教育是培养和发展受教育者主体性的教育形式。提倡主体性教育，就是要让学生在社会所要求的思想观念、道德意识、行为规范等方面，由被动接受教育的客体转变为主动接受、积极吸收和认真实践的主体，把学校的要求转化为他们内在的需要，使他们成为学习和发展的自觉主人。

②思政教育把实施主体性教育作为改革的重要目标是适应时代发展，切实增强多媒体时代高校思政教育的实效性，实现高等教育培养"合格的社会主义建设者和接班人"这一根本任务的迫切需要。

第一，主体性教育是提高多媒体时代高校思政教育实效性的关键。

第二，主体性教育是加强素质教育和创新精神培养的迫切需要。

第三，主体性教育是促使学生个性充分发挥和实现自身价值的需要。

③要实施主体性教育，思政教育工作者就要调整教育目标，对教育内容、教育方法、教育手段等进行改进，使学生的主体性得到充分发挥。

第二章　高校学生思政教育概述

第一节　高校学生思政教育的现状

习近平总书记曾经指出，要树立正确的人才观，尽可能培育以及践行社会主义核心价值观念，在人才培养方面应该注重质量培养，要提倡劳动光荣以及技能宝贵，尽可能为营造人才奠定坚实基础。

思政教育实际上就是指在社会以及社会群体的发展进程当中，通过对大学生进行思想方面的规范、道德方面的约束等等，使其形成具有一定计划与组织性的社会道德品质。通过正确的价值观念引导以及正确的理论灌输，可以切实提升其道德品质。高校作为人才培养的关键场所，如何切实有效地对人才进行培养，确保人才更加符合国家的培养要求以及社会进步的要求，是未来我国高校思想政治课程开展的关键点和重点，更是我国进行社会主义精神文明建设，确保我国社会不断进步与发展的关键。

一、高校学生思政教育的现状

（一）高校思想政治教学模式陈旧、课程设置不合理

当前，高校思想政治教学内容陈旧，大多数教师仍是采用传统的课堂教学方式，过度重视对课本知识的讲授，忽视了对大学生世界观、人生观、价值观及其他方面的教学，学生的政治素养和社会整合能力的培养并未得到有效提高。而且，现阶段高校课程的设置也存在一定的不合理性，这主要体现为现阶段思想政治课程的设置比例较小，部分高校没有真正意识到该课程开展的重要性。有的学校甚至把思想政治课放在晚自习期间，这严重影响了学生思想政治课的教学质量。

（二）高校思想政治教学力量薄弱

目前，我国高校在逐年扩招，高校学生的数量也逐年增加，但另一方面，师资却没有同比增长，因此，中国的许多高校均存在师资力量薄弱的问题，思政教育领域尤为严重。现在的高校一般选用一些较年轻的教师甚至是辅导员来担任学生的思政教育工作，这些教师往往缺乏工作经验，这不利于改善学生思想政治课的教学效果。

（三）高校思想政治教学缺乏针对性

大学生个体差异相对较大，高校在开展思想政治课程的时候必须要客观意识到这些差异。目前的高校思想政治课程开展缺乏对学生个体的针对性区分，在进行教学的时候也没有采用因材施教的方法，这导致高校该课程的开展缺乏相应的原则作为指导。有的高校并未坚持以人为本的原则，其类似于"教育工厂"，在教育工作中不注重学生个性的发展。因此，学生的个性差异没有得到重视，他们被动地接受知识，而且对思想教育工作的参与度较低。

二、未来改进高校学生思政教育的方法与策略

（一）加强校园文化建设

首先，应当丰富校园文化教育活动，可定期邀请专家来校开展有关爱国主义教育的知识讲座，组织全体大学生观看爱国主义教育的电影，等等。其次，从大学生社团管理的角度出发，应该尽可能制定符合社团特点的规范和管理要求，传递更多正能量以形成更为正确与健康的社团文化。最后，加强校园网络管理，可以利用互联网来发布和传递信息。尤其可以对现阶段典型的人物事迹进行宣扬，使其成为大学生学习的榜样，同时也可以对大学生进行积极的社会主义核心价值观念教育和培养，这对于提高大学生的思想认知能力，避免其受负面文化的侵蚀，具有极其重要的作用。

（二）改善教学观念，加强教师队伍建设

提升高校思政教育实效性的关键在于加强教师队伍建设，高校不仅要加强思政教育课教师队伍建设，给予教师广阔的发展空间，提高教师的综合素质和工作的积极性，同时，还要重视对辅导员和班主任这类一线工作人员的能力培养，定期对班主任以及相关的教学工作者进行一些政策方面的培训，这有利于教师开展后续的教育教学工作。

（三）改进教学方法，注重主动性和娱乐性教学

高校思政教育应当注重增加学生对思想政治知识追求的热情，让学生主动、积极地去拓宽自己的知识面。因此，在教学过程中，应当将大学生的思政教育与社会热点密切结合起来，寓教于乐，使学生在学习中获得精神享受，从而接受思政教育。

随着社会的不断发展与进步，高校学生思政教育的形势是比较复杂的，思政教育面临着新的挑战，我们要积极应对挑战，改变传统的教学方式，在科学发展观的指导下，加强高校思政教育，保证社会主义改革的正确方向，为社会主义建设输送合格人才。

第二节　新时期高校学生思政教育工作

随着社会的发展与进步，思政教育工作成为社会工作的重点，特别是新时期的思政工作对高校学生形成正确"三观"起着重要作用。在新时期，由于受到各种因素的影响，高校学生思政教育工作也面临着诸多挑战。

大学生是国家的希望，民族的未来。大学生是有知识、有文化的一代，不断加强对大学生的思政教育意义重大。而在新时期，受多种文化的影响，大学生的思想发生了变化，其个性化的追求日益显现。大学生思想政治的状况与国家的和谐发展紧密相关。在这种情况下，高校思政教育工作必不可少，笔者对当前思政教育工作面临的问题进行了分析并给出了一些建议。

一、新时期高校学生思想政治教育面临的诸多问题

学生思想不够成熟。当前部分大学生的思想还未完全成熟，独立性不强。随着网络媒体的迅速发展，大学生能够接收到各种各样的网络信息，这些信息影响着大学生的世界观、人生观和价值观。教师要培养大学生的独立性，盲目跟风不可取，只有使大学生形成健全的人格，大学生的身心才能健康发展。大学生是具有蓬勃朝气的一代年轻人，只有提高大学生的思想素质，才能使其紧跟时代发展的潮流，从而推动社会的发展。

自我意识较强，心理承受能力较差。新时期高校学生多为独生子女，部分独生子女从小就处于家庭的中心地位，可以说是在温室里长大的，这类孩子的抗压能力不强，当其面对困难和挫折时容易失去信心。有的独生子女从小就自

己一个人玩，长大后面临不知如何与同学、朋友交往的问题，因此培养他们的团队意识极其重要，要让他们明白团队合作的重要性。另外，增强他们的抗挫折能力也是非常重要的，这样可以帮助大学生更好地应对心理问题。

理想＋脚踏实地＝成功。大学生是朝气蓬勃的一代，在刚进入大学时，每个大学生都对未来抱有极大的憧憬，但是一部分大学生在慢慢的学习生活中忘记了自己最初的目标。有了梦想还不够，要加上100%的努力才可能最终获得成功。大学生要脚踏实地，根据自己的大目标，订立每天的小目标，让自己每天都处于学习状态，这样才能不负青春、不负韶华。

二、新时期高校学生思政教育工作的应对方法

加强高校学生思想政治理论教育。当前我国已进入新发展时期。在新形势下，为落实十九大颁布的方针、政策，实现全面建成小康社会的目标，我们新一代青年就要共同奋斗。目前，我国对创新型且具有社会责任感的人才的需求日益增多，我国高校学子处在时代发展的中心，自我意识较强，是我国创新型人才的主力军。而高校则承担着培养我国新一代青年的重要使命，在高校教育中，要不断加强对学生的政治理论教育，提升其政治素养，使大学生真正理解我国的各项方针、政策，加强对其社会责任感的培养，让青年一代发挥巨大的作用。思政教育者应将大学生创新意识的培养作为一项重要工作，在思政教育中要因材施教，注重学生的差异性，提高学生的创造能力，注重对大学生爱国情怀和集体主义精神的培养，从而推动我国社会的进一步发展。

拓宽教学平台，丰富教学形式。高校是开展思政教育工作的重要阵地，良好的校园文化会对学生产生重要的影响，不仅影响学生的思维方式也会引起其价值观念的变化，教师应引导学生完善人格、遵守道德规范。因此，各高校应加大校园文化建设力度，将思政教育相关内容纳入校园文化建设当中。当今社会网络技术飞速发展，互联网的运用为高校思政教育提供了新的平台。互联网因自身的优越性受到广大师生的喜爱，成为高校学生日常接收和交流信息的重要方式。高校应充分利用互联网的优势为高校思政教育工作的开展提供新的平台，充分调动学生学习的积极性。当然，高校要建立严格的网络管理制度，在校园网中要经常主动发言，加强与学生之间的互动与交流，推动网络思政教育的良好发展。同时，高校也应及时了解网络舆论形势动态，保障网络信息的真实性和思想性，坚决遏制网络中不良信息的出现与传播，引导大学生树立正确的价值观念，从而促使其全面健康发展。

　　组织开展多样化的思政活动。思政教育作为一种理论，本身就具有抽象、难懂的特点，和其他学科相比较，其学习内容可能会相对枯燥，只有借助于其他载体其才能更好地被学生所理解。所以，我们要改变教学模式，创新教学方式，这样我们的思政课堂才能变得生动易懂起来，学生的学习效率也会大幅提高。高校可以举行一些大型的思政活动，如研讨会、学术会、座谈会等方面的思政活动，并且邀请专业人士向学生分享他们的经验，为大学生提供有益的指导。另外为了达到教育目的，高校也要积极开展与思政相关的活动，让学生积极参与其中，从而让学生更好地理解思想政治理念。比如，高校可以举办话剧节，以话剧节的形式进行主题教育活动，并鼓励学生报名参演，这种特别的主题教育形式能使学生切身体会到剧情中所蕴含的思想政治理念；也可以建立心理咨询相关网站，关心学生的内心世界，为他们排忧解难；还要鼓励学生积极投身到社会实践中，让其主动参加公益活动、勤工俭学活动等，这样不仅丰富了高校学生的课余生活，锻炼了学生的能力，更重要的是他们的思想政治修养也得到了显著提升，提高了高校学生的创新能力，使其社会责任感得到了加强，从而为我国的综合发展奠定了基础。

　　在开展思政工作时，要牢固树立理论联系实际的思想观念。高校务必要树立理论联系实际的思想观念，及时解决大学生关心的现实和热点问题。教师不能搞形式主义，要以学生为出发点，要将学生的发展与社会的发展结合起来，不断改善思政教育工作的效果。大学生思想上出现的困惑往往是由社会现实所引起的。要想更好地解决实际问题，单凭说教是无力的，在这个时候就要充分发挥思政教育的作用，解决学生遇到的实际困难，坚持理论联系实际的方法。思政教育既要讲道理，又要联系实际、办实事。理论联系实际能够帮助大学生把晦涩难懂的理论知识与具体的社会实践联系起来，教师要将思政教育理论与社会生活实际有效结合起来，从而加强学生对思政教育内容的理解，使学生提升和转变自己在生活中的思想观念。

　　在新时期，由于高校学生思想意识的形成受到多种因素的影响，所以，高校思政教育是一项重中之重的工作。高校需要综合分析和考虑各种因素，在全方位开展学生思政教育工作时，要将其与校园文化建设、网络媒体建设、社会实际联系起来，营造一个良好的思政教育环境。思政教育工作者也应参加专业培训，明确自身位置，积极承担责任，从学生的角度出发来开展思政教育工作，不断提高自身的教学能力，促使学生形成对思想政治课程的正确认识，引导学生走上正确的道路。高校学生也要从自身做起，树立正确的"三观"，同时自觉抵制不良思想的影响，努力成为新时代社会主义事业的建设者。

第三节　网络环境下高校学生思政教育

近年来，网络技术的迅速发展给高校学生带来了很大的帮助，但是也给高校的思政教育工作带来了巨大的挑战。网络教学带来的机遇就是教师可以通过对网络的综合应用，结合思想政治教材的教学内容，对教学过程中出现的问题进行归纳、总结，然后改进教学方法，实现教学内容和教学形式的突破。而网络技术带来的挑战就是网络信息十分庞杂，一些学生难以对网络中的信息进行有效筛选，不良信息对学生的身心健康造成了重大的影响，同时也使得学校的思政教育工作停滞不前，没有新的突破。网络世界的信息真假难辨，在真实的信息中混杂着许多不健康的信息和内容，其改变了学生的思想认识。但是网络世界也拥有庞大的有益资源，如果高校辅导员能够加强对学生的思想教育工作，向其灌输正确的文化理念，就可以让高校学生纠正错误的观念和认识，端正自己的态度，使高校学生健康成长。

一、网络对高校思政教育工作的影响

网络是把双刃剑，如果能够将网络积极正面的作用发挥出来，网络就会成为教师教学的好工具，成为学生学习的好帮手。但是如今网络在学生中的使用率越来越高，学生会通过网络接收到许多不良信息。这些不良信息影响着学生的身心健康，使部分学生的政治思想觉悟越来越低。所以教师在思政教育过程中要加强对学生网络知识的教育，而不是一直采用传统的教学方法。在教学过程中教师要引导学生正确辨别网络世界中好的内容和不好的内容，引导学生学会将不好的内容过滤掉，以免其毒害学生的心灵。教师要将网络与高校的思政教育工作有效地结合起来，使学生形成正确的世界观、价值观和人生观。网络教学与思政教育工作的结合是一个相辅相成的过程，它能够促进教师教学模式的转变，可以让思政教育更加贴近学生的日常生活，扩大网络平台在学生生活中的应用范围，也能够活跃课堂气氛，让学生更加容易地接受教师的思政教育工作。

二、网络环境下教师开展学生思政教育工作的措施

（一）加强学生的思想意识，提倡健康上网

现在互联网技术正在高速发展，网络逐渐渗透到高校学生学习生活的方方

面面，已经成为高校学生在学习和生活中必不可少的工具。高校学生的自由支配时间较多，有的学生沉迷于网络中，导致自身思想意识扭曲、学习成绩下降、身体变差等情况。网络是把双刃剑，如果能够合理运用，将会成为高校学生学习和生活中的好帮手，但是如果运用不当，就会让学生接触到错误的思想和理念，走上错误的道路。目前互联网上的资源十分丰富，教师应该紧跟随时代发展的潮流，从网络上获取最新的思政教育资料，让学生的思政教育能够紧跟时代的步伐，让学生的思想政治觉悟始终保持在一个较高的水平。教师可以让学生观看网络热点事件以及政治事件的视频，让学生在观看过程中产生自己的理解，从而武装好自己的思想，让自己的思想层次得以提升，对社会现象有一个正确的认识。网络资源庞大而丰富，网络上有很多的资源，如果学生具有良好的意识和观念，就可以在网络中学习到许多有用的知识，并树立正确的上网观念。辅导员应该引导学生去看一些有意义的视频，引导学生健康上网，通过网络来加强学生对时事政治的了解和认识，查阅对学习有帮助的资料。辅导员应该培养学生的优良品质，提升高校学生的自控能力和自我约束能力。学生也应该有意识地去控制上网时间，以免沉迷于网络。学生需要进行自我监督，合理地调节自己的上网行为，利用自身良好的控制力和意志力来抵制网络上的不良信息，将上网的时间控制在合理的范围之内。

（二）利用多媒体开展思政教育

目前，一些高校思想政治教师对网络仍充满偏见，认为网络对高校学生的思政教育工作有百害而无一利。学生在网络浪潮的冲击下，对传统的思政教育工作的接受度普遍下降，而对新媒体思政教育工作的接受程度比较高。所以，利用新媒体来开展思政教育工作迫在眉睫。网络思政教育是现代化技术手段与传统思政教育相结合的产物，能够使思政教育工作变得更加高效。教师在对学生进行思政教育教学时，要积极利用多媒体技术，多利用图片、文字以及视频、音频资料，从而让学生对思想政治课程更加感兴趣。教师要借助网络平台，根据学生的具体情况以及学习特性，有针对性地对学生进行教学，对思想政治教材中的精华部分进行重点讲解，使学生不仅能够听进去，还能够吃透思政教育的精华部分。然而部分教师对于多媒体教学的运用不能够得心应手，没有意识到当下运用多媒体的重要性，不能满足时代发展下的新要求。所以，高校思政教育工作人员应该主动学习多媒体技术，充分发挥多媒体在高校政治工作开展中的作用，让学生能够更高效、更容易地接受思想政治教育工作。高校也应该适时开展对教师网络技术、技能的培训工作，让教师能够学习更多的网络知识，这样才能够适应当今世界的发展趋势，了解学生的喜好，也就能够更好地在网络世界中开展思政教育工作。利用网络媒体和多媒体进行思想政治工作的宣传与开展工作，不仅能够让学生更加容易地接受思政教育，还能够使思政教育的成果更加丰厚。

（三）加强监管，普及网络思政教育

我国的法律对网络监管的力度尚不足，这使得网络上经常会有一些思想倾向错误、意识形态不端的文章出现，也会有不当言论的发表。网络道德已经成为社会道德的一个重要组成部分，如果对网络上出现的问题不及时加以解决，那么高校学生的思政教育将遭受到严重的打击。高校必须成立专门的网络监管小组，加强对于校园网络的监管力度，让一些不正确的思想、言论、文章等远离校园，远离学生。当学生在思想上出现不正的苗头时，高校教师应该及时对其进行教育，将这种不正确的思想及早地扼杀在摇篮之中。教师应该不定期地举办思政教育大会，加强对学生的思想教育，提升学生的政治素养，保证学生始终行走在正确的道路上。同时，高校教师应该坚守住思想政治的舆论高地，建设相应的网络道德体系，从而确保学生的网络思想道德素质也能够得到快速提升。

网络已经渗入每个人的生活中，高校教师应该在复杂的网络环境中寻找提高学生思政教育的新方法和新途径。在保证传统的思政教育工作的前提下，利用网络的便捷性和高效性，开展高校学生思政教育工作。网络是先进技术与思想政治教学相结合的产物，是思政教育工作信息化发展的具体体现。通过网络教育来进行高校学生的思想教育工作，能够让教学理念、教学方法、教学内容得到质的提升，对于思政教育工作的优化以及更新具有积极的作用。目前网络上的信息良莠不齐、真假难辨，教师应该教导学生正确辨别不良信息，并通过一定的手段和方法对网络进行监管，这样才能够让学生的思想觉悟得到有效提高，也更加有利于思政教育工作的顺利开展。只有净化网络环境，才能够使高校学生树立正确的世界观、人生观、价值观，拥有正确的政治观念，才能够让学生的思想觉悟得到提升。

第四节　高校学生思政教育的"三化"路径

高校是思政教育的重要载体，根据当前高校教学的现状以及思政教育工作

的特点，高校思政教育工作走上了生活化、系统化、现代化的发展道路，将学生思政教育工作贯穿于课堂教学、学校管理、文化建设、社会实践等各个环节中，能够确保从教育内容、教育方法等多方面实现全过程育人、全员育人、全方位育人的目的。基于我国的实践需求，当前实现高校学生思政教育的"三化"建设是主要趋势所在，展开"三化"实践活动更是要求高校不断探索、总结经验，开创我国高等教育事业发展的新局面。

一、高校学生思政教育的"三化"内涵和特征

（一）高校学生思政教育的生活化

当前，思政教育"生活化"改变了传统意义上的理论课程讲授方法，继承了马克思主义唯物辩证法，融合了人本主义心理学和认识发展理论，这将使思政教育更加合理地指导高校学生的社会实践活动，更加有力地提升学生的综合素质，促进学生的健康发展。思政教育生活化要求教师在思政课上能够通过实际的生活案例来展开对知识的讲解，并且引导学生正确地使用理论知识去解读社会中存在的各种现象。通过生活化的教学方式，让思政教育内容不再束之高阁，而是落到每一个学生的实际生活中，让它们成为学生生活的指路明灯，实现全程育人的目标。

（二）高校学生思政教育的系统化

高校学生思政教育工作是一项综合性工作，其开展涉及学生、教师和教育教学的各个环节，因此需要全员参与、全方位覆盖，并且他们在高校学生思政教育的各个环节中相互联系、相互制约。然而，当前高校缺少对课程的系统性规划，导致学生对思政教育的理解仍停留在表面，使理论和实践相"脱轨"。部分教师认为思政教育是哲学社会科学的思考范畴，而未发挥对其他课堂教学和思想文化阵地的育人功能。

（三）高校学生思政教育的现代化

教育是社会进步与发展的强有力的后盾，当前社会现代化的进程进一步加快，教育也随之朝着现代化的方向发展。这就要求思政教育工作者能够与时俱进，顺应时代的变化对教育内容进行调整；借助现代信息技术，创建更好的教学环境，采用更加先进的教学模式，提高课堂教学质量；课堂教学关系要从传统的单一化的教学主体转变为当前的双主体形式，要发挥学生在思政教育中的

主体性地位，激发其积极性和创造性。

二、高校学生思政教育的"三化"路径及其实践探索

高校学生思政教育生活化的实现路径及实践探索。①教学内容、教学手段与学生生活实际相结合。思政教育生活化要求以学生生活实际为基础，尽可能地从学生生活的各方面挖掘物质载体、精神载体、课程载体等教育载体，并巧妙地将思政教育内容融入其中。这可以不断拉近学生同思政教育理论知识之间的距离，大大加深学生对于思政教育内容的认同感，还能够增强教育的实效性和针对性。在传统的高校思政教育工作中，教师采用的是单纯的文字讲解的方式，教学内容较为枯燥，学生的注意力容易涣散，其学习兴趣会有所下降。因此，教师要借助生活化的教学手段，激发学生学习的积极性，对学生进行正确的引导。②教学过程与学生社会实践相结合。马克思主义哲学认为，实践是人们不断改造自然、改造社会的有意识的活动。我们应将思政教育贯彻于社会实践中，从"价值引领、党团和班级建设、学风建设、学生日常事务管理、心理健康教育与咨询工作、网络文化建设、校园危机事件应对、职业规划与就业创业指导"等方面入手，对学生进行全方位的教育。

高校学生思政教育系统化的实现路径及实践探索。①实现教育内容的系统化。高校思政教育包括政治法律教育、思想道德教育、心理健康教育、形势政策教育、职业规划教育等多方面内容，因此，高校要以"课程思政"为目标，对课程进行合理设置，修订教材，完善教学设计环节，加强教学管理，挖掘各门课程中所蕴含的思政教育元素，充分发挥各门课程所承载的思政教育功能，进而将教学内容融入课堂教学各环节中，实现思政教育与知识体系教育的有机统一。②实现教育方法的系统化。它要求高校能够统筹使用各类教育方法，根据学生特点以及教育内容的特点，采用不同的教育方法。在新时期，要实现层次化教学，循序渐进地调动各类学生的主体性、积极性和创造性，在校园文化建设中，将所有的工作设计为"学校设计为先，二级学院为主，专业教师为重，学生行为为本"四个梯度。各个主体分类推进，发挥主体性，使思政教育效果有效提升。系统化教学不仅包括理论知识系统化，还包括教学计划的系统化和规范化。因此要设计系统化的教学计划，真正地让学生感知到思政教育的必要性，使其从思政教育课程中汲取力量。③实现教育过程的系统化。恩格斯指出："世界表现为一个统一的体系，即一个有联系的整体，这是显而易见的。"因此，学校要遵循思想政治工作规律，遵循教书育人规律，遵循学生成长规律，使课

堂教学、学校管理、文化建设、社会实践的各个环节都能够相互联系、相互影响，从而实现全过程育人的目标。

高校学生思政教育现代化的实现路径及实践探索。①实现高校思想政治话语系统的创新。在多元文化的发展背景下，一些学生开始怀疑思政教育的感染力以及影响力。对此，高校学生思政教育工作者必须改变陈旧的观念，创新教育模式，将学生对当前的社会文化、校园文化等的合理诉求融入思政教育话语体系中，在确保思政教育主导地位的同时，不断地满足新时期学生生长发育所需要的各种文化精神需求。②创新教育载体。传统的思政教育平台主要是课堂，但随着网络时代的到来，高校学生思政教育工作要借助网络平台来开展，因此要求在教育工作中能够将这一点纳入监管范畴，对于高校学生的网络意识形态等做好监督管理。如当前开创的"学习强国"App正是思政教育的多媒体发展的表现，应将多媒体话语权融入现代高校思政教育活动中，大大凸显学生在社会中的话语权及参与感。③优化教育队伍。高校应投入大量的人力、物力和财力，建立一支现代化的教育队伍，进而构建有效的工作体系和工作机制，从而实现高校思政教育的"规范化、精细化、精准化"，有效推动教育工作的现代化进程。

综上所述，高校学生思政教育的"三化"发展理论是新时期高校培养人才的创新模式之一，能够重新定位思政教育在高校教育教学活动中的地位和作用，能够实现对教学活动的整体改革，发挥思想政治教育的育人功能。"三化"理论是培养符合时代发展要求的新的人才的重要理论基础，是实现中华民族伟大复兴的重要途径。新时代要求全体思政教育工作者能够根据生活化、系统化和现代化的不同特征，加强对学生思政教育的重视程度，最终实现"三全育人"的目标。

第三章 高校思政课多媒体教学创新研究

第一节 高校思政课多媒体教学中的问题及创新

在素质教育背景下，多媒体资源已被广泛应用到高校思政课教学中，多媒体教学已成为一种普遍现象，有利于激发学生的学习兴趣，确保教学目标的顺利实现。因此，笔者从不同角度阐述了高校思政课多媒体教学中的问题及创新策略。

在新课标背景下，传统满堂灌式的教学方法已无法满足高校思政课的教学要求，导致课堂教学效率与质量不高。如今，多媒体教学法已被广泛应用到高校思政课教学中，但在主、客观因素的作用下，多媒体教学中出现了一些问题，急需采取多样化的策略加以优化创新，充分发挥多媒体教学优势，提高思政课教学的实效性。

一、高校思政课多媒体教学中的问题

在高校思政课教学中，多媒体教学法不断应用到课堂教学中，但部分教师对多媒体教学缺乏正确的认识，无法充分发挥多媒体教学的多样化作用，其存在的问题体现在多个方面。在课堂教学中，教师没有准确把握学生各方面的特征、课程内容的难易度，没有利用多媒体集"图片、动画、音频"等于一身的优势，合理补充思政课教学内容，并将其加以优化、完善，丰富课堂教学内容，制作的多媒体课件过于花哨，没有突出教学重点与难点，不能有效辅助课堂教学。同时，随着时代的不断演变，高校思政课教学标准、教学要求等处于动态变化中，也就是说，学生所掌握的思政课程内容也处于动态变化中，各届学生学习"能力、效率、进度"等各不相同。但在多媒体教学中，部分教师并没有

准确把握这一点，没有根据各方面的实际情况，更新多媒体课件内容与形式，这不利于课堂教学效率的提高。此外，部分教师不注重多媒体教学、传统教学的统一，过分依赖多媒体教学，不注重对传统教学方法的利用，思政课堂教学以多媒体为中心，违背了多媒体辅助教学这一原则，而且将多媒体使用等同于多媒体教学，认为多媒体教学就是利用多媒体播放与教学内容相关的幻灯片、音频等，为学生创设出图文并茂的教学情景，实际上，二者有着本质上的区别，不利于改变思政课的教学现状。

二、高校思政课多媒体教学创新策略

正确认识多媒体教学，科学制作多媒体课件。在高校思政课教学中，教师必须与时俱进，转变传统的教学观念，全方位地认识多媒体教学内涵，准确把握其和多媒体使用的联系与区别，巧妙利用多媒体教学法。上课之前，教师要全面、客观地分析班级学生的兴趣爱好、个性特征、认知结构等，准确把握思政教学重点与难点，科学制作多媒体课件，发挥其对思政课堂教学的辅助作用。在制作多媒体课件时，教师要将知识性和德育性结合起来，巧妙融入德育知识，促使学生在学习课程知识的过程中不断提高自身的思想道德素养。

在多媒体教学过程中，教师要准确把握多媒体教学最根本的特征及功能，注重教学互动、人机互动，要围绕思政课教学内容，优化、利用多媒体教学设备，充分发挥人机交互作用，为学生营造一种"轻松、和谐"的课堂教学氛围，有效激发学生的学习兴趣，不断提高他们参与课堂教学的程度，确保思政课各教学工作顺利开展。

准确把握教与学的关系，将多媒体教学与传统教学结合起来。在思政课教学过程中，高校教师必须准确把握教与学之间的关系，要以学生为中心，站在学生的角度选取多媒体素材，安排课堂教学内容，选择教学方法，确保多媒体教学符合素质教育背景下教与学的实际情况。以《毛泽东思想和中国特色社会主义理论体系概论》为例，在多媒体教学中，教师要贴近学生生活实际，结合当下的时政热点、焦点等，合理选取多媒体素材，选取当下中央电视台制作的具有代表性的文献片、理论片，如《伟大的历程》《走向和谐》等，将其与思政教学内容巧妙地融合起来，在丰富课堂教学内容的基础上，优化课堂教学形式，在互动过程中，使教与学紧密相连。在此过程中，教师要正确认识多媒体教学、传统教学，注重二者的有机融合，利用多媒体的教学优势，有效弥补传统教学的缺陷，在二者相互作用、相互影响下，构建高效课堂，以便于班级学生掌握教学重点与难点，构建全新的思政知识框架体系，提高课堂教学的整体质量。

注重预设性和生成性、文本性和时效性的有机统一。在思政课多媒体教学中，教师要注重预设性和生成性的统一，要全方位地解读思政课章节内容，突出重难点，科学安排教学内容，使其具有鲜明的目的性、计划性等特点，科学设计考核形式，学生需要围绕预设的教学内容、考核形式等学习思政知识。在此基础上，教师要根据学生各方面的情况，安排一些需要学生探讨、交流等才能顺利完成的教学内容，引导学生积极、主动参与到课堂教学中，在无形中培养学生的探索、思考、学习能力，促使他们全面发展。此外，在多媒体课堂教学中，思政课教师要注重文本性和时效性的统一，要准确把握思政教学目标、教学内容等的动态变化，特别是素质教育背景下高校思政课的侧重点等，结合当下时政热点、社会焦点等，优化、调整多媒体教学课件内容，确保制作的多媒体课件具有鲜明的针对性、时效性、创新性的特点，避免直接复制教材内容，在无形中提高思政课教学的实效性。

总而言之，在素质教育背景下，高校思政课教师必须树立生本教育理念，正确认识多媒体教学，以学生为中心，充分展现学生在课堂教学中的主体地位。在多媒体教学中，高校思政课教师要准确把握出现的问题，科学制作多媒体课件，准确把握教与学的关系，注重多媒体教学与传统教学的有机融合，不断提高思政课的教学质量，使学生学习思政知识与技能，更好地成长成才，成为新时期所需的高素质专业人才。

第二节　高校思政课多媒体教学探析

多媒体软件已被广泛应用于高校教学中。然而，在实际教学中也存在着一些不足和问题，这制约着高校思政课的实效性。为了改变这种情况，教师必须将多媒体教学与传统教学结合起来，提高多媒体课程的质量，同时提高多媒体教材质量，充分利用多媒体技术进行教学。

结合多年的多媒体教学经验，笔者深深感受到了多媒体教学是一把双刃剑，若滥用媒体，则可能带来相反的效果。

一、改变教学方法，创新教学管理模式

首先，现代教学方法必须与传统的教学方法相结合。多媒体课程只在整个

课堂教学中发挥辅助作用，它们不能完全取代教师的教学地位。否则，多媒体课程将成为多媒体软件的机械工具，思想政治教学过程不应当是刚性的和程式化的。事实上，教学过程是教师言行协调的过程。教师的语言、态度、动作和情感投入都会影响到学生。这也是传统教学方法的魅力所在。虽然多媒体教学具有广泛的利用空间，但也需要教师的精彩诠释才能让它活灵活现。因此，教师要精心设计教学环节，综合运用现代多媒体教学手段与传统教学方法，以达到最佳的教学效果。教师可以借助软件来优化多媒体课程，适当补充电子材料，通过肢体语言与学生进行沟通，并感染学生。调动学生学习的积极性，使教学生充满活力。

二、认清教学环境，正确运用多媒体技巧

现代教育理论认为教师的作用已经发生了变化。教师的主要任务不是传授知识，而是帮助学生发现、组织和管理知识。根据皮亚杰的建构主义理论，在课堂教学中，教师要注重的不仅是学习的过程，教师要加强学生获取信息和知识的能力。多媒体教学的效果取决于学生自我建构知识的效果。如果教师在课堂教学中只是借助多媒体来单方面向学生灌输知识，学生就会失去积极参与教学和反思问题的机会，学生的主观能动性就不能得到充分体现。这与传统教学没有太大区别，整个教学过程仍然是基于教师的教，学生继续被动地接受知识。因此，教师必须正确使用多媒体教学的技巧，为学生提供自主学习的空间和机会，鼓励他们积极地建立知识体系，这样教师所教授的知识就可以真正内化为学生的观点和方法。

三、注重素材选择，实现思政教学

教师要做好教学资源的收集工作。多媒体课程的准备和多媒体教学都需要大量的材料。这要求教师结合学生的学习环境以及知识环境，加强对教学资源的收集。在收集教学资源时必须遵循相关性、多样性的原则。

（一）材料的选择应反映相关性

教学资源用于制作多媒体课程软件并为多媒体教学服务。只有与本课程相关的材料才具有被运用的价值。教师要注意对原始信息的筛选，选择最引人注目的和最有吸引力的教材。例如，学生喜欢看一些娱乐新闻，教师可以将最新的信息融入现代思政课程教学中，有时候要善于从本课程教学的需要的角度探

索其内容和价值，让学生自己去挖掘教学精髓，提升教学质量。

（二）材料的收集必须追求多样性

多媒体教学资源包括文本、图像、音频、视频和其他材料。任何与课程相关的材料都可以包含在多媒体教材库中。多媒体教学中的教材主要用作教学脚本。当然软件并不需要太多的文字，不然学生注意力就不集中，然而，在使用过程中要注意标题要简明扼要，教师要对其进行诠释和分析。如果教师对文本做足够的工作，就可以驾驭教学资源，自信地完成思想政治教学工作。当然，教材的吸引力也会增加。如果教师的语言组织能力差，文档也会存在问题。教师可以从参考书和其他书籍和网络中获得资源。传统教学中使用的文字材料仍然可以借用。

四、优化教学途径，实现信息教学

多媒体素材最吸引人的元素是视频。教师可以将适当长度的视频数据插入教学过程中，使教学更加生动有效。这正是传统教学方法所无法比拟的。

通常情况下，传统纸质媒体不提供视频材料，教师可以自己录制，数码相机可以承担此角色，而普通数码相机也可以拍摄几分钟的短片。但是，教师要掌握一定的摄影技巧。有时，自拍的视频画面很粗糙，如果后期制作不好，则无法达到理想的效果。因此，最常用的方法是使用网络资源。

课程软件的制作不是一次性完成的事情，教师不能期望一劳永逸地做到这一点。当前时代正在迅速变化，新信息和新材料不断涌现，这迫使我们不得不坚持教科书的基本原则，处理课程软件的内容，也需要坚持马克思主义的基本立场、基本思想和基本方法。在这种情况下，教师要不断更新素材，不断吸收新元素，优化教学内容，也要随时更新程序内容，让其贴近现实、贴近学生，确保教学效果。在教学过程中，教师需要根据课堂的硬件和设备以及学生的反应进行微调，要及时调整它，添加背景标题，更改标题的颜色并加深对比度。模糊视频不能直接插入课程软件中，单独播放可以改变视频播放的对比度和亮度，以提高播放效果。

第三节 高校思政课多媒体制作技巧

随着科技的发展，人类进入信息化时代，以多媒体技术和网络技术为支撑的教学媒体在高校思政课教学中得到了广泛应用，并快速地渗入教学的各个层面。但在实际教学中，多媒体思政课件的制作出现了一些误区，因而制约了思政课堂实效性的提高。因此，教师要将传统教学和多媒体教学结合起来，进一步提高多媒体课件制作水平，发挥多媒体教学的积极作用。

对于大学生来说，思想政治理论课是政治教育的主课堂，由于思想政治课内容较抽象，具有理论性和综合性的特点，于是使思想政治课教学成了"空洞说教"，直接制约了思想政治课功能的有效发挥，而产生这一现象最直接的原因就是教学方式及教学手段落后。

高校思政课利用多媒体教学方式进行授课，避免了以往的"空洞说教"的教学现象，克服了以往传统教学的局限性，利用多媒体技术，将文字、图像、视频带到了课堂，打破了以往枯燥、乏味的教学模式，在激发学生学习兴趣的同时加深了学生对于知识的理解力，提高了学生的学习效率。多媒体教学方式的运用，极大地解决了高校思想政治课上抽象、难懂、单调、枯燥的问题。目前多媒体教学手段在各大高校的教学中得到了大力推广。但是在部分高校出现了多媒体课件制作不合理的现象，如果教师在制作课件的时候不能正确地利用多媒体，处理好教材内容、教师讲解、教学目的等多方面的关系，就会使多媒体的积极作用大打折扣，或是起到适得其反的作用，因此，在高校政治课多媒体课件制作中，要处理好各个方面，下面笔者就谈一下关于高校思想政治课多媒体课件的制作技巧。

一、正确处理多媒体课件与教材内容的关系

①高校思想政治课内容具有理论性和政治性的特点，教师在制作课件的时候必须保证其所制作的多媒体课件的内容和理论材料和知识的全面性、正确性，要注意与中央相关文件的口径一致，并且绝对符合中央相关文件的精神，不可发生方向性和知识性的错误，必须在遵守政治课堂纪律的前提下发表自己的言论。因此，在制作高校政治课多媒体课件时可对教材进行扩充，但应当切记与教材知识点紧密结合。

②多媒体教材注重迎合学生的兴趣，努力创造轻松愉悦的课堂氛围，但是

在高校思想政治中应当注意结合教材，不可以一味地迎合学生兴趣而忽视了教材的"本"。因此教师在制作课件的时候，要讲究"严谨性"，不可随意在课件中插入图片或视频，以免与知识点无关的多媒体信息误导学生，影响学生的学习效果，可结合知识点插入图片、影像、视频等。

③虽说在高校思想政治课多媒体课件制作中，曾多次强调要以课本为主，但这绝不是单纯地复述教材，教师不可将大段大段的知识内容搬到课件中，这就失去了多媒体教学的意义，必须在围绕教材基础的同时进行加工、深化、补充，使教材内容直观、具体、深动、形象、丰富起来，进而增强思想政治教学课堂的吸引力，激发学生学习的兴趣，使学生更加易于接受。

二、正确处理多媒体课件展示与讲解的关系

多媒体课件可以将枯燥、乏味的理论知识通过图片、影像、视频等手段转换成多媒体语言，进而使课堂变得丰富多彩，营造一种良好的学习氛围，所以在高校思想政治课程中对于多媒体课件的运用较为广泛。虽然多媒体教学确实具有强大的功能和非常显著的优点，但是必须清楚的是，多媒体课件和以往传统教学中的黑板、粉笔等教学工具一样，都是辅助教学工具，在课堂上发挥主导作用的仍然是教师，在课堂上教师能够将传统教学手段与多媒体教学课件进行融合，细致耐心地讲解，以理让学生信服、以情让学生感动，这永远是高校共同追求的教学目标，教师应对思想政治课程教学中的知识点进行理解与思考，这是学识、智慧、创造的体现，是任何多媒体都不能替代的，因此教师应当处理好多媒体课件和教师讲解之间的关系，认识到"讲解是主角，多媒体课件是配角"，高质量的课堂永远都是讲出来的，而不是多媒体播放出来的。

三、正确处理多媒体课件展示与教学目的的关系

多媒体课件可以将枯燥的理论转换成声音、图像、视频等形式，极大地满足了学生的感官需求，从而激发了学生的学习兴趣，它有利于提高学生的积极性。多媒体课件作为一种现代化的教学手段，其存在的价值就是促进教学目的的实现。

总的来说，多媒体课件对提高高校思政教育教学水平是非常有效的，它能将枯燥、乏味的思想政治理论知识转换为多媒体语言，增加其丰富性、多样性，从而激发学生的学习兴趣；同时多媒体的应用可以大大降低教师的工作量，减轻教师的工作压力，进而提高教学质量。但是教师必须清楚的是，多媒体虽然

很先进，具有很多优点，但却不是万能的，因此，教师在制作多媒体课件的时候，应当正确处理多媒体运用的各个关系，将多媒体课件带给教学的积极性调动起来，这样其在高校思想政治课的教学中的作用才能得到充分、有效的发挥。

第四节　高校思政课多媒体课件可持续开发模式

高校思政课件开发模式主要有专业开发和教师开发两种。专业开发模式制作成本高、技术门槛高，经常出现技术粗糙、重复开发的问题。如果通过课件立项形式，建立课件开发团队，以课题组前期研究成果为基础，按照立项目标和内容进行课件开发，则可以提高课件开发效率，形成思政课件的可持续开发模式。此外，还应处理好课件开发与课件评价、教师主导地位和课件辅助地位、思政课件与电子教案、课件制作与教学效果等关系。

高校思想政治理论课多媒体课件（以下简称"思政课件"）在教学中的应用已经普及，它在教学中的辅助作用也得到了广大师生的认可。但是，思政课件的开发过程存在重复开发、低质量开发的问题，导致课件质量参差不齐，不能形成课件开发者和使用者资源共享的局面。其原因是没有形成一个规范的、可持续的思政课件开发模式。思政课件的开发质量直接影响着教学质量和教学效果，如何通过建构一个可操作性强的思政课件可持续开发模式，帮助课件制作者提高制作水平，从而更好地辅助教学，已经成为教学管理部门和教学研究者的重点关注问题。

一、思政课件不同开发模式比较分析

目前，思政课件开发模式主要有专业开发和教师开发两种。专业开发主要由教育部、高教出版社或者承担国家级课题的专业课件开发团队等进行课件开发；教师开发主要是思政课教师根据教学大纲、教材和教学需要等进行自主开发。

专业开发的思政课件大多是综合型、公开出版的课件。它的优点是界面友好、功能齐全、资料丰富、互动性强，并设计有学生课后自学版块。但缺点也显而易见，一是思政课件开发大多使用专业软件，需要专业人员的帮助方可完成，开发难度较大。二是思政课件开发者为了保护知识产权，没有提供制作课件的源文件，使用者不能根据自己的需要进行个性化的修改。而思政课教学的特点就是时代气息鲜明、内容更新较快，不能及时更新的思政课件很难满足教

师的实际教学需要。购买的课件在修订和出版速度上较慢，甚至还要二次购买，成本较高。三是一些课件不能突出教师在教学中的主导性，教师有时变成了演示课件的机器。四是不能很好地服务教学。课件的脚本一般由思政课教师来撰写，课件的呈现方式一般由课件开发人员来设计，这种分工往往会导致一些问题出现，即专业开发人员不能很好地理解教学内容，从而使教学内容的呈现方式与教学需要相脱节。

在高校思政课教学中使用最广泛的是教师自己开发的教学型课件。这种课件选用的平台大多是 PowerPoint 软件，这个平台的优点是功能强大，易于操作，教师可以根据需要及时调整教学内容，而且可以体现教师在教学过程中的主动性和选择性。但是，这种课件开发模式也存在着明显的缺点。一是思政课教师对 PowerPoint 软件的功能掌握得不全面，课件制作水平不高，存在课件交互性差、导航不清晰、甚至黑板"搬家"等问题，教学效果较差。二是课件内容单一。教学型课件一般仅仅提供课堂教学内容，不提供案例解析、模拟试卷、课堂测试等供学生自学的课外扩展内容。三是各高校思政课教师各自为战、重复开发，浪费了大量的人力和物力。

从上面的分析可以看出，专业开发和教师开发两种模式各有利弊，如果能把二者结合起来，进行优势互补，则课件的内容、呈现方式等都可以得到很好的改观。

二、思政课件可持续开发模式的建构

在思政课件的开发过程中，淮北师范大学以科学发展观为指导，针对当前思政课件制作成本高、技术门槛高，或者技术粗糙、性能单一、重复开发的难题与现实困境，探索和建构了思政课件的可持续开发模式。即通过课件立项、子课题等形式，建立课件开发团队，以课题组前期研究成果为基础，按照立项目标和内容进行课件开发，提高了思政课件的开发质量和效率。

具体来说，思政课件可持续开发模式分为四个阶段。

（一）课题立项阶段

针对"基础""纲要""原理""概论"四门思政课程，学校分年度资助立项，每年立项 1 ~ 2 门课程。各课程组分别成立课件开发团队，填写项目申报书。项目申报书内容应包括项目负责人、项目组成员、前期研究成果、资料准备情况、课件开发计划和预期成果等方面。项目负责人由承担该课程教学任务并且多媒体技术较好的教师担任，项目组成员由校、内外该课程任课教师、教育技术专业的教师等组成。分管思政课的校党委书记、思政课教研中心副主任等根据项目申报书进行项目的立项审定和后期协调工作。

各课程课件开发团队成立后，由教育技术专业教师负责设计思政课件的总体风格，选定课件开发软件，并对项目组主要成员进行技术指导和培训。为简化制作方法，我校思政课件采用了 AutoPlay Media Studio 7.0 和 PPT 软件相结合的方式进行课件的开发和制作，合成后的思政课件可以随时更新，思政课教师也可以根据自己的需要进行二次开发，既解决了课件二次开发的难题，又避免了课件重复开发的问题，从整体上增强了思政课件的开发效率和实际教学效果。

（二）课件开发阶段

各项目组申报的课题一旦立项，项目组就可以根据需要自行进行内容设计、脚本写作、资料库、网站建设等课件开发子课题，真正实现分工协作，创新思政课件开发方式。

首先，完善内容设计和脚本写作，创新思政课件的承载内容。内容设计和脚本写作分为教学、自学、资料库三个部分。教学部分包括各章节主要内容讲解、思考题、推荐阅读书目等；自学部分包括案例分析、课后作业、教学网站等；课程资料库包括思政课相关视频、音频、人物简介、名词解析、试题库等。通过内容设计和脚本写作的完善，使思政课件的承载内容更加立体化和多元化，提高思政课件的针对性和完整性。

其次，采取单机版课件和网络课件相结合的方式，更新思政课资源库，创新思政课件的呈现形式。由于课件内容较多，传统的单机版思政课件难以满足学生自学的需要，学校购买了独立的服务器，建立了"高校思想政治理论课教研网"，集成了各项目组建立的可及时更新的精品课程网站，将单机版课件内容以网页形式呈现出来，并建立动态资源库和便捷二级导航，方便师生访问。下一步拟采用会员注册方式，上传资源奖励积分，下载资源需要积分，进行资源共享，调动校内、外师生参与资源库建设的积极性。

最后，创新对开发阶段的管理和监督机制。管理和监督人员主要有分管思政课的校党委书记、宣传部部长、思政课教研中心副主任、教务处分管教研副处长和学校督导组相关专家等，管理和监督的依据是项目申报书中的计划和预期成果，管理和监督的方式是定期和不定期检查相结合。定期检查的时间是项目申报书中的主要时间节点，内容是每个时间节点的任务完成情况。对于没有完成的任务，各项目组要说明原因并制订相应的计划。不定期检查的主要目的是了解项目进展情况，督促各项目组按时完成各项任务。对于再次检查时仍未完成预期目标的项目，将采取暂停经费使用、取消立项等惩罚措施。

通过思政课件承载内容、呈现方式和管理监督机制等的创新，思政课件的开发深度和广度大为增加，课件制作水平明显提高，课堂教学效果显著增强，同时也为兄弟院校开发精品思政课件提供了理论参考和实践范本，为将来的思政课信息化教学打下了基础。

（三）项目验收阶段

思政课件开发项目的验收是对项目完成质量的整体评价，它是项目开发模式中的一个重要环节。学校组织本学科专家、督导组专家和教育技术专业教师对各立项项目进行验收，项目验收的依据除了项目申报书的预期成果外，更主要的是学校制定的多媒体课件评价标准，对项目组开发出的思政课件进行评价。课件评价内容主要包括教育性评价、科学性评价、应用性评价、艺术性评价、可持续开发评价等方面。根据评价结果，对高质量完成项目任务的项目组进行奖励，并优先推荐申报校级、省级教学成果奖等；对于评价结果不理想的项目，责令项目组进行修改、完善，直至达到学校课件评价标准为止。

（四）推广使用阶段

各项目组开发出的思政课件版权属于项目组，同时也属于学校，学校有权将验收合格的思政课件免费提供给全校思政课教师使用，任课教师可以根据自己的教学需要直接修订，这样可以有效避免思政课件重复开发和二次开发的问题。同时，各项目组每学年都通过问卷调查和座谈会等方式，及时收集任课教师和学生使用课件的反馈信息，并根据反馈信息对课件进行有针对性的修改、补充和完善，使思政课件尽量满足实际的教学需要。

三、建构思政课件开发模式应处理好几对关系

课件开发与课件评价的关系。课件开发与课件评价联系紧密，课件评价的原则和体系就是课件开发的原则和要求。因此，学校思政课教研中心根据思政课件使用和开发的实际，并围绕课件评价的两个基本问题：课件评价的标准是什么？课件应该由谁来评价？提出了思政课件开发和评价的四大原则：紧扣大纲原则，服务于教学原则，艺术性原则，可二次开发原则，制定出了思政课多媒体课件质量监控和评价体系。同时，为了增强思政课件评价的客观公正性，我们还注重客观评价和主观评价、教师评价和学生评价、静态评价和动态评

价、统一性评价和多样性评价相结合的评价原则，来引导项目组提高课件开发水平。

教师主导地位和课件辅助地位的关系。现代教育技术增强了课堂教学效果，但在实践中也出现了思政课件的应用只是简单地由"人灌"变成"机灌"，出现了"学生瞪着眼睛看，教师围着电脑转"的现象。其原因主要有两个方面：一方面是购买的课件很难二次修改，教师使用时较吃力；另一方面是教师没有理解课件内容的呈现方式，不能解释音频、视频和画面的内涵。其实质是教师在教学过程中颠倒了教师主导和课件辅助的地位，没有充分展现自己的教学理念和教学能力等，使课件占据了主导地位、教师退到了辅助地位。因此，只有使教师参与课件制作与修改的过程，才能处理好教师主导地位和课件辅助地位的关系。

思政课件与电子教案的关系。一些教师把课件简单地理解为电子教案，使得开发出来的课件成了"黑板搬家"。二者最大的区别就是思政课件是在电子脚本的基础上制作出的成品，可以通过屏幕让教师和学生共享，而电子教案则是制作课件的脚本，是教师自己看的。所以，在思政课件开发过程中，任课教师要参与电子脚本的写作和课件制作过程，理解课件的呈现方式。只有这样，教师才能提供课件之外更多的信息，不会成为课件的演示工具。

课件制作与教学效果的关系。课件开发得成功不等于提高了教学效果，它只是提高教学效果的一个必要条件。通过课件制作，以多媒体教学手段呈现教学内容，可以提高教学效率，减少传统教学方式下板书、计算、绘图等的时间，减少教师体力的耗费，让教师有更多的时间和精力讲解内容，让学生以直观的形式理解教学内容。但是，要想获得好的教学效果，除了需要教师主持或参与多媒体课件的开发制作外，还需要教师对课件本身进行充分利用，并合理优化教学内容、恰当选择教学方法、注重教学信息反馈等。此外，并非所有课程都适合使用多媒体课件，是否使用多媒体课件是以能否提高教学效果为主要标准的，教师不能盲目使用多媒体教学手段。

第五节　多媒体课件在民办高校思政课堂教学中的有效运用

目前，多媒体课件越来越广泛地运用到高校思政课堂中，并发挥着积极的作用。民办高校的思政课堂有着自身独特的特点，笔者认为多媒体课件的运用对改善民办高校思政课堂的现状具有十分重要的意义，但现在民办高校部分思政教师对多媒体课件的运用存在很多误区和问题，因此笔者将重点探讨多媒体课件在民办高校思政课堂中的有效运用问题，以期使大家认清多媒体课件在民办高校思政课教学过程中的实际意义，以发挥它应有的功能。

多媒体课件现在越来越多地被运用到高校思政课堂上，有的人对之顶礼膜拜，认为找到了灵丹妙药，便可以解决高校思政课堂出现的一切疑难杂症；有的人则对之嗤之以鼻，认为课堂教学成功的关键在于教师的学识水平和讲授技巧，而多媒体等只是手段之一，可有可无。而绝大多数教师认为多媒体是上好思政课的一种重要工具，它可以使学生更好地理解知识，但用好它的落脚点还是"人"，即教师本身。基于此，笔者进一步提出思政课上多媒体的使用程度还取决于另一重要的主体——"学生"的观点。笔者认为不同的教育对象会对多媒体产生不一样的需求，因而把握好这两者之间的平衡点，是上好思政课的关键。民办高校思政课堂与公办高校思政课堂还存在较大的差距，这种差距迫使多媒体在民办高校思政课堂上的运用意义要大很多，但问题是在多媒体的实际使用过程中，教师对它的作用的认识存在偏差，这导致多媒体课件在民办高校思政课堂的实际运用中并不是很有效。因此，笔者就从民办高校思政课堂的现状入手，深入阐述民办高校思政课堂的特性和多媒体教学在实际运用中遇到的问题，重点探讨如何在民办高校思政课堂上发挥多媒体的实效性。

一、民办高校思政课堂教学的现状和问题

上好思政课一直以来是高校社科部的重点课题之一，但据笔者六年多民办高校思政课上的观察和与其他民办高校思政教师的交流，发现目前民办高校思政课堂教学效果并不乐观，存在很多问题。

课堂现状：民办高校的思政课堂一般为 80 ~ 130 人的大课堂，90% 的教师使用多媒体进行教学，课堂上认真听讲的学生约占 20%，对讲授内容偶尔关注的学生约占 30%，而大多数学生是各忙各的事情。面对这种情形，教师往往表现出一种无奈的情绪。

教师状态：民办高校思政课教师大都为青年教师，多为相关专业的研究生或本科生，他们认真备课、积极准备，希望上好这节课，使学生了解世情、国情和民情，懂得更多做人的道理。但由于教师自身的功力较弱，对理论的把握度力不强，加上缺乏教学经验，管理课堂纪律的能力不强，因此课堂效果往往不明显。教与学是相互影响的，当所讲的内容不能引起学生兴趣时，当发现台下的学生都各干各的事情时，教师的信心会遭到严重的打击。失望、气愤与沮

丧之情纷纷涌上心头，部分思政教师对上课产生排斥心理，对教授这样的学生有种无力感，认为自己的付出没有得到学生的珍惜和认可，也逐渐丧失教学热情，有时会有种放弃或逃避的想法。久而久之，教师在课堂上自然也缺乏信心和激情。而民办高校的教师通常又把思政课效果差的原因归结为：思想政治教育课本身就很难上好，课程内容枯燥甚至教条；大班化教学存在着沟通障碍；教学方式方法陈旧、简单；一些学生对这一课程认识不足、重视不够，再加上民办学校的学生本身素质差、底子薄等问题，教师越发觉得学生不爱听是正常的，通常把责任推在学生的头上。

学生状态：民办高校的学生一般都是高考第四、第五轮录取进来的，而且有相当一部分学生原来是三校生，是通过民办高校自主招生考试进入的，因此大部分学生的基础较差，文化基础较差。其学习的自主性和自我约束力较弱，加上一直存在不良的学习和生活习惯，在学生中蔓延着一种不要学的情绪，他们认为这类理论性较强的科目学了没有实际意义，学习的功利性较强，只要认为对未来找工作没有实际价值的课就不爱听也不愿意听。同时，还有一部分学生表示，教师讲授的理论过多，讲课枯燥乏味，还有些太深了听不懂，因此对此类课程产生不了兴趣。

学校态度：对于思政课这类的课程，部分民办高校不是十分重视。由于其民办性质，投资方对思政一类的课程开设的必要性抱有怀疑态度，而这种态度直接影响学校对思政课各方面的投入和支持力度，学校严格控制这类教师的人数和课时数。有的民办高校社科部没有自己的活动和科研经费，有的民办高校的社科部是有名无实。较低的薪资待遇不能吸引优秀的教师来学院讲授，整个思政课的师资团队不强，没有老教师带领青年教师成长，青年教师处在自我摸索的状态，所以思政课堂的总体教学质量不高。

通过上面的阐述大家会发现公办院校和民办院校在思政课上有着巨大的差距，无论是在师资、教学对象、教学环境还是教学条件上，而有些差距是短时间不会改变的，如师资、教学对象。在这种情况下，就需要运用可能的外力来提升思政课堂的实效性，而这个可能的外力就是笔者今天重点要谈的多媒体课件，根据民办高校学生的特点和学习习惯，有效地运用多媒体，使得民办高校的思政课堂丰富鲜活，使思政课成为民办学校学生喜爱的课程。

二、多媒体课件在民办高校思政课堂教学中的运用现状

随着科技的发展和民办高校教学硬件的改善，现在大多数民办高校思政课

堂都能使用多媒体。因为多媒体教学具有传统课堂不可比拟的优势,图片、声音、动画和影音能够很快地吸引学生的眼球,使课堂更加生动、直观,弥补教师本身知识能力方面的缺憾,课堂学习氛围比之前有所好转。但是教学效果却常常不如预期,在实际使用中出现了各种各样的问题。

从课本到屏幕的过程。教师制作的 PPT 只是实现了从课本到屏幕的过程,也就是说仅仅是从教材语言到教材语言,而没有实现从教材语言到教学语言的转换,仅仅是把课本的内容摘录到 PPT 中,安插几幅图片,播放几段视频,而没有关注教学内容的内在逻辑性,展示的图片和影音显得很生硬,没有很好地进行内在连接,一开始,学生也许感觉很新鲜,时间一长,学生将不再被吸引。

从讲授者到播放员的过程。在实际教学中,部分教师过多地依赖多媒体课件,把多媒体当成万能器,上课主要围绕多媒体进行,变成了多媒体内容的讲解者和播放员,而不能够自主地发挥,陷入了被动的局面,出现了与学生交流的障碍,课堂的互动受到限制,教师对课堂的控制力变弱。

从主导者到旁观者的过程。传统的思政课堂往往是教师一言堂,教师是整个课堂的主导者,但自从有了多媒体以后,有的教师把主导的位置让给了 PPT 这个平台。教师要做的事情就是收集大量生动的资料,使之成为一个又一个精彩的事例、一个接一个的精彩图片,这些的确成功吸引了同学们的注意力,大家看得热闹。但课后问问学生这堂课学了什么,答案通常是不知道。原因是在备课过程中,教师首先对教授内容缺乏足够的思考,对材料和课本内容的内在联系缺乏一定的解读,仅仅是希望只要上课大家关注就行,至于多媒体课件是否具有实际的意义,是否能够真正启发学生,真正提高学生的理论认识和政治觉悟,却很少考虑,忘掉了思政课要真正传达的意旨。

三、民办高校思政课堂教学中有效运用多媒体课件的几点思考

对于民办高校思政课堂而言,多媒体课件是提高教学效果的一个十分重要的工具,它能够有效扩充课堂教学的知识点和信息;更加形象地阐述理论性和抽象性较强的知识,有效提高学生领悟教学内容的能力;吸引学生的眼球,激发学生的学习兴趣,调动学生的积极性,引导他们进行自我思考。因此,笔者认为民办高校思政课堂使用多媒体课件教学是十分必要的,但这只是改善民办高校思政课堂现状的第一步,要发挥多媒体课件的最大作用,提高思政教学的实效性,需从以下几个方面提高认识。

要正确地认识多媒体课件,提高思想政治理论教育的针对性和感染力。充

分认识到多媒体课件对上好民办高校思政课的重要性，真正了解多媒体课件在课堂上应有的地位，真正用好 PPT 的功能。教师应认真解读所讲授的内容，将手段与内容很好地融合在一起，充分利用多媒体教学手段，运用大量的图文、影像、动画信息，穿插重大历史事件的视频短片、珍贵的历史图片，同时融入现代社会的一些历史观点和贴近实际、贴近大学生生活的流行元素、鲜活事例，制作出契合学生读图要求的精美教学课件；用通俗易懂的语言，多元的、立体的、形象的声画，深入浅出、潜移默化地将教材内容传递给听众，使课堂教学极富感染力和冲击力，提高思想政治理论教育的针对性、实效性和吸引力、感染力。

创新教学理论，探索符合民办高校的思想政治理论课模式。新颖的教学是以教学理论创新为基础的。上海大学的思政课教师李梁就提出："思想政治教育信息传播是教育者有意识、有目的地对受教育者施加影响，通过思想政治教育信息的传递、接受与反馈，以达到彼此共享、互动、共识的社会行为、活动和过程。思想政治教育信息传播模式主要由信息源、教育者、讯息、媒介、受教育者、反馈、环境和效果等要素与环节构成。"思想政治教育信息传播及其模式为我们提供了一种观察和分析复杂的思想政治教育活动的简明、直观、有效的方法和途径。他的这一新的教学理论使具有公共基础课性质的高校思想政治理论课有别于专业课教学，他认为，高校思想政治理论课是一个传播过程，而这个传播和一般的面对面谈话又不一样。两个人面对面谈话是点对点的传播，我们可以通过我们的眼神、肢体语言，直接表达我们想表达的内心世界。但是我们这个课是点对众的传播，学生往往在一百人以上，每个人的知识储备都不一样，我就要和他有一个对接，跟他对话。

李梁认为传统对话的方式，随着现在教育技术的发展以及科技的发展，包括学生自己接收信息的渠道已经发生变化，不再是单一的渠道，多媒体就是在这个基础上应运而生的。我们也应该用多渠道来传播马克思主义，从传播的技术层面来说，它必须是这样的。然后他听，要让他听清楚，光靠教师的口头表达和肢体语言还不够，深度也有限，要借助多媒体，如声、光、电这样的元素。李老师的信息传播理论的教学创新模式较好地解决了教材语言转化为教学语言的问题和大班授课有效疏通的问题，把主流价值观、国家意识形态的一些基本要求转化为学生喜闻乐见的多媒体（语言）形式，把课堂对话建立在学生易于和乐于接受的基础上，精心设计和组织教学活动，活跃了教学气氛，有效地提高了大学生学习政治课的兴趣，突出过程以达到效果，实现了新课程效果在认知、态度和行动三个层次的高度统一。部分民办高校的学生底子薄，基础知识欠缺，注意力容易分散，学习能力较差，思政课教学就更应该加强声、光、电等多种元素的引入，一方面有效吸引他们的注意力，另一方面使思想政治教育在无形中进行。

　　提高教师素质，以教师崇高的人格魅力辐射、影响学生，提升民办高校思想政治理论课质量，发挥民办高校思想政治理论课品牌效应。对于一堂精彩的思政课来说，多媒体仅仅是一种外在的工具，谁都可以用，但有的教师用得好，有的用得不好，这里面的关键是教师的素质、知识涵养和对于这份工作的热爱和高度的责任感。成功的思政课课堂教学一定是与他长期的积累（包括史实、史料、鲜活的材料）和思考分不开的。所以，民办高校的思政教师不能简单地将思政课效果不理想归咎于学生，而应多多反思自我：是不是自己的知识储备不够，是不是自身的素质不高，有没有用心去教学，有没有真正地吃透理论，是不是了解学生的心理和喜好，是不是能把理论和实际很好地结合起来。教师只有不断提高自身的素质，以崇高的人格魅力辐射、影响学生，学做有心人，从学生的心理特点和思维方式出发来改进教学方式并引发课堂思考，用心教学，才能提升高校思想政治理论课的质量，才能使多媒体课件真正为思政课堂增光添彩，从而切实增强思想政治教育的效果。

第四章　多媒体时代高校思政的实践探究

第一节　大学生生命教育

一、认识生命教育

1968 年，美国著名的演讲者、作家与人生导师杰·唐纳·华特士针对青少年吸毒、自杀、他杀、性危害等犯罪高发现象，承袭印度瑜伽大师雪莉·阿南达·摹提吉的精神，出版了《生命教育》一书，探讨必须关注人的生长发育与生命健康的教育真谛。

生命教育在 20 世纪 80 年代逐步推行开来。到了 90 年代，美国、澳大利亚、英国、新西兰等国家和我国的香港、台湾地区开始竭力倡导生命教育，生命教育大规模、系统地展开。进入 21 世纪，生命教育已成为遍及全球的教育内容。生命教育在一些国家和地区是在小学或中学时期进行的，也有一些国家和地区是在高中或大学时期实行的，各国家或地区因实际情况而异。

生命教育的内容包括以下几方面。第一，生存意识的教育。正确理解生命、生存和生活的内涵，也就是尊重生命、珍惜生命的教育，具体又包括生命安全教育、生活态度教育以及死亡体验教育；第二，生存能力的教育，主要在于对环境的适应能力、抗挫能力以及安全防范和自救能力的提高；第三，生命价值升华教育，要重视培养大学生端正的人生态度，使其认真生活，快乐学习和工作，还要注重大学生的审美教育，让大学生在审美的过程中体验人生的价值和意义。

在 20 世纪的 90 年代，随着我国素质教育的全面实施，倡导以人为本的理念和尊重、关心、理解、信任、发展人的个性已经成为共识，实际上，生命教育在我国就此提上了思想政治教育的日程。2004 年，党中央、国务院针对加强青少年思想道德建设、开展青少年生命教育就提出了明确要求，先后出台了 8 号文件和 16 号文件，做出了全面性的战略部署，号召要把生命教育作为思想道德建设的重要载体，科学有效地实施生命教育活动，并将生命教育纳入全民素质教育的内容中。2006 年至 2009 年，全国人大代表在全国人大会议上提出了预防自杀、生命教育的相关议案或建议。在各级党和政府特别是教育部门的重视下，各种以促进青少年生命健康成长为主题的活动轰轰烈烈地开展，并取得了可喜的成绩。上海、辽宁、江苏、四川、山东、黑龙江、吉林等省市富有创造性地开展了生命教育科研、教学实践、教材编制、教学大纲试行等活动。我国生命教育已经形成了政府主导、民间参与、社会各界积极配合的趋势。

生命教育属于思想政治教育的范畴，然而，在我国多媒体高校思政工作中它却一直是一个盲区。随着我国市场经济体制的建立和迅猛发展，近些年来，大学生在学习、就业、情感、人际关系等方面出现了众多问题，犯罪、自杀事件时有发生并呈上升趋势，大学生心理问题日渐凸显，这引起了人们对生命教育的重视。高校应有效地在大学生中开展生命教育，它既是落实以人为本的科学发展观和构建社会主义和谐社会的必然要求，也是学校教育特别是多媒体高校思政的一项崭新课题。在高校大学生中开展生命教育，其内涵是帮助大学生认识生命、尊重生命、欣赏生命、珍惜生命，探索与认识生命的意义，尊重和珍惜生命的价值，热爱与发展每个人独特的生命，提高生命质量，创造生命价值，并将自己的生命融入社会主义现代化建设事业之中。

二、大学生生命教育的实施措施

（一）建立学校、家庭沟通联系制度，为大学生创造良好的生命教育环境

新生入学时，学校应建立与家庭的沟通联系制度，及时了解学生的家庭情况和上学时的表现。同时通过这个联系制度使家长定期了解子女在校的学习成绩和综合表现，当寒暑假结束时，学校也可以更好地掌握学生假期期间的情况和家长的反馈意见。如果学生遇到困难，学校和家庭可以给予学生更多的情感关怀和理性引导，为大学生健康成长创造良好的生命教育环境。

（二）将生命教育思想融入各学科中

生命教育，其整体内容广泛，单纯依靠独立的生命教育课程是无法完成的，

所以学校既要开设相应的生命教育课程，更要把生命教育思想渗透到各学科教学中。在教学中教师应尊重学生的主体地位、关注学生的情感需求、帮助学生体验生命价值，在潜移默化中影响学生的生命意识，关注学生的学习、生活状态，使其形成正确的人生观、价值观，引导学生寻找解决矛盾的正确途径，关怀学生，让学生充分地感受到生命的活力和价值。

（三）开展丰富多彩的实践活动

高校还可以创造机会，鼓励学生参加学术、科研、体育、艺术、娱乐等各种实践活动，为大学生提供求知、自我表现、人际交往和认识社会的宽广舞台，丰富和充实大学生的生活，帮助学生体验生活，培养大学生积极的生命情感。例如：组织大学生到烈士陵园、革命纪念馆、名人故居等德育教育基地参观，让大学生懂得生命的价值和意义；组织大学生参观看守所、戒毒所等，使大学生树立法律意识，维护生命的尊严；组织大学生参加志愿者活动，扶贫助困，引导大学生学会关爱，从而增强生命的责任感。

（四）完善学校心理咨询机构

应配置专业教师并组织开展学生心理问题筛查工作，建立健全学生心理健康档案，关注大学生中的特殊人群和自杀高危人群的心理情况；积极开展各种心理健康教育活动，强化大学生健康心理卫生意识，使其树立正确的生命观；重点关注特殊家庭和经济困难家庭的大学生，及时发现异常情况，并采取有效措施；心理咨询机构应建立健全大学生心理健康网络，建立班级——系——学院——学校多层管理机制，通过多种途径与大学生交流、沟通，及时了解大学生的情况，及时发现问题并加以解决。

（五）提倡大学生自我教育

生命教育要想取得成效，单纯依靠外在因素是无法实现的，必须提倡大学生自我教育，发挥大学生的主观能动性，这样才能达到理想的效果。

第二节　大学生人际交往教育

一、大学生人际关系的构成

大学生处于各种复杂的社会关系网络中，不同类型的人际关系促使他们采取不同的人际交往方式，而不同的人其心理承受、调节、适应能力的水平也有一定的差异，因此，不同人际关系对大学生造成的影响不尽相同。

（一）同学关系

同学之间交往是大学生人际交往中的主要形式。同学间没有过多的利益冲突，虽然可能有或多或少的不愉快，但大学同学关系总体上是和睦的、友好的，并且有亲情化的趋势。

（二）室友关系

宿舍生活是大学生活中不可缺少的组成部分。因为室友是每天接触机会最多、相处时间最长的人，所以，室友关系的好坏对大学生造成的影响相对较大。

（三）师生关系

教师与学生是大学校园里的两大基本群体，师生关系是大学生人际关系的必要内容。与中小学师生关系相比，他们之间的交往、交流不够多，关系不够密切。

（四）网络人际关系

网络的普及催生了网络人际交往这种特殊的、新生的人际交往方式，给大学生的生活方式、价值观念带来了前所未有的挑战。

（五）个人与各种集体关系

大学生都不同程度地处于年级、班级、各种学生社团等大大小小的集体交往中，个人在集体交往中的参与程度、扮演角色等决定了个人与集体的交往关系。

二、大学生人际交往的原则

（一）平等互尊原则

平等，一是指政治平等，即人们在政治活动中享有同样的权利和地位，包括民主权利、参与社会管理权利、政治信仰权利等；二是指经济平等，主要指按劳分配、等价交换、个人财产不受侵犯；三是指法律平等，即法律规范应反映人际间的现实平等关系，法律一旦制定，对任何人都有同样的约束力；四是指人格平等，主要是指尊重他人的人格，不践踏他人的尊严。当然，平等是相对的，不是绝对的。平等主要是指起点和机会均等。以学生为例，国家为每个人提供了有可能上大学的机会，至于谁上大学、上什么样的大学，则要看各人的努力和条件。

尊重包括自尊和尊重他人两个方面。自尊就是在各种场合都自重、自爱，维持自己的人格尊严；尊重他人就是重视他人的人格和价值，承认他人在交往中的平等地位。马克思说得好："你希望别人怎样对待自己，你就应该怎样对待别人。"在人际交往中，尊重是一个重要信息，能够引发人的诸多积极情感，缩短彼此间的心理距离。一个不懂得尊重他人的人，很难与他人进行良好的合作，甚至办不成任何事情。

（二）诚实守信原则

要"言必行，行必果"，答应做到的事情不管有多难，也要千方百计、不遗余力地办到。如果经再三努力而没有实现，则应诚恳地说明原因，不能有"凑合""应付"的态度。守信用者能交真朋友、好朋友，不守信用者只能交一时的朋友或终将被遗弃。坚持信用原则，要做到有约按时到，借物按时还，不胡乱猜疑，不轻易许诺，不信口开河。

（三）宽容团结原则

宽容团结是人际交往中的重要准则。这是因为在人民内部，奋斗目标相同，根本利益一致，有宽容的现实基础。宽容，简单地说，就是宽宏大量、忍耐性强。具体地说，就是要听得进话、受得了气，要有度量，要容得了人。宽容还要容得下别人的缺点，相信他人能自己教育自己，自己改正错误。

（四）互助互利原则

交往双方的心理需要都获得满足，其关系才会继续发展。因此，交往双方要本着互助互利的原则进行交往。坚持互助互利原则，就要破除极端个人主义，与人为善，乐于帮助别人。同时，又要善于求助别人。别人帮助你克服了困难，他也会感到愉快，这也可以进一步促进双方之间的情感交流。

三、大学生人际交往能力的影响因素

人际交往中的能力和技巧对交往的过程有重要的影响，对于大学生而言，人际交往能力主要有以下几个方面的不足。

（一）知识经验不足

有的大学生缺乏交往的经验，尤其是成功交往的经验。他们想关心人却不知从何做起，想表现自己却不知如何展现。知识经验的欠缺还表现在对交往对象的认知上，"世界是彩色的"，人是形形色色的，与不同类型的人交往时应采取不同的策略，以任性化的模式与人交往无疑会受挫和失败。

（二）语言表达能力不强

语言是交往中重要的信息资源，是最重要的交际工具。良好的语言表达，是指既知道在什么情况下说什么，又知道在什么情况下怎么说。俗话说："良言一句三冬暖，话不投机半句多。"有的大学生语言表达能力差，词不达意，话不得体，这势必会影响交往的顺利进行。

（三）交往监控能力缺乏

交往监控能力指交往者为了达到预期目标，而在交往过程中将交往活动本身作为意识的对象，不断地对其进行积极主动的计划、检查、评价、反馈、控制和调节的能力。这种能力主要分为三大方面：一是对自己交往活动的事先计划和安排；二是对自己交往活动有意识的监察、评价和反省；三是对自己交往活动的调节、校正和自我控制。交往监控能力是人际交往能力的重要体现，一个成功的交往者必定具有较强的交往监控能力。有些大学生的人际交往障碍往往是由于没有注意培养自己有效的交往监控能力所导致的。

四、大学生人际交往的策略与方法

（一）正确认识自己

正确认识自己是交往的前提。要正确认识自己，就要做到客观、公正地评价自我，做到既不清高，亦不妄自菲薄，又要充分发挥自己的长处。正确地与别人比较，正确地看待竞争，塑造自己的坚强个性，增强自身的人际吸引力。

（二）端正对人际交往的认识

人际交往活动是人类社会独有的社会现象和活动，也是人们日常活动的必然内容，是群体构成的重要条件，是青年形成自我意识的重要途径。人们在生活中必须形成健康的人际关系。即双方进行真诚的沟通；向对方提出合情合理的要求；双方自觉地、积极地关注对方；双方都能珍视对方，而不是设法去控制对方。

（三）要宽以待人，不能苛求

世界上根本没有纯粹完美的事物，造物主在造物时就给每一样东西都留下了缺陷，不然今天的世界怎么会呈现这般的生动和丰富多彩？人人都有缺点，完美的人往往不存在。

如果我们能从另一个角度看人，说不定很多缺点恰恰正是优点。一个固执的人，你可以把他看成一个"信念坚定的人"；一个吝啬的人，你可以把他看成一个"节约的人"。一个城府深的人，你可以把他看成一个"能深谋远虑的人"；一个自大的人，你可以把他看成一个"自信心强的人"；一个喜欢发脾气的人，你可以把他看成一个"感情丰富的人"。

对朋友过于苛求，实际上等于还没理解"朋友"的真正含义。我们需要朋友，但不能完全依赖朋友。不能对朋友有过高的期望。如果一个人太依赖朋友，那他从朋友那得到的往往不是快乐，而是苦恼。倘若我们对别人过于苛求，就会适得其反，最终导致"兄弟反目"的结果。

（四）克服社交恐惧症

常见的社交恐惧症主要表现为对人际交往特别敏感、害怕，总是担心自己社交不成功，对一些集体活动避而远之。由于其交往的范围越来越小，之后会走进自我封闭的圈里。这类同学要增强自信心，克服心理障碍，充分认识到自己的不足并勇于承认事实，不要过于注重社交和自身形象的完美，不要过分注重生活的细枝末节，要学会诚然处之的生活方式。

（五）学会交谈技巧

注意倾听是一项很重要的技巧。哲学家黑格尔说过，在有些场合，由于你说了好多话而没有注意倾听，你至少做了两件对你十分有害的事。第一，尤其在同行和比你强的人在场时，你暴露了你的浅薄与无知；第二，由于你的滔滔不绝，你失掉了向别人尤其是向专家学习的机会。

第三节　大学生诚信教育

一、大学生诚信教育的必要性

诚信是道德的基础和根本，是人最重要的品德。大学生正处于人生观的形成和发展时期，加强大学生的诚信教育是塑造大学生健全人格，培养新世纪合格人才的需要。诚实守信是市场经济的内在要求，大学生是未来社会主义市场经济建设的主力军，加强大学生的诚信教育也是社会主义市场经济建设的需要。当前，我国正处于经济转轨时期，由于某些原因，一些人的诚信缺失问题比较严重，大学生中也经常出现一些不守诚信的现象。诚信缺失不仅关系到大学生自身的健康成长，更关系到国家的富强和民族的振兴。因此，在大学生中深入开展诚信教育，强化其诚信意识，是当前高校人才培养工作中一项重要而紧迫的任务。

二、大学生诚信缺失的原因

（一）社会大环境的影响

当今社会上的确出现了一些信用缺失的现象，失信惩罚机制不完善和社会信用评估体系不健全使失信者不能得到相应制裁，客观上助长了大学生的失信行为。

（二）家庭教育缺失

一些家长认为只要孩子学习好，其他一切都好。有的家长怕孩子在外面"吃亏"，常常给孩子灌输消极的处世哲学；有的家长本身就存在不诚信的行为，如职称考试作弊、虚报工作业绩等，这对孩子产生了消极的影响。

（三）部分学校的德育教育流于形式

部分大学德育教育流于形式，仅重视德育政治导向功能和理论教化，忽视基础道德要求和行为养成，导致德育时效性不强。

有些院校在进行招生宣传等工作中不诚信；在就业方面，为追求就业率，对学生的推荐材料审核不严，对学生的造假行为放任不管，对用人单位的质疑不予理睬，这助长了学生不良风气的蔓延。

此外，传统的小学、中学应试教育的观念根深蒂固，而小学和中学阶段正是学生世界观、人生观初步形成的重要时期，这一时期的德育教育的缺失是造成诚信缺失的主要原因。

（四）用人单位人才标准和招聘方式不科学

长期以来，国内对于人才的界定，"学历论"的色彩尤为浓厚，只注重对学生专业和业务能力的考核，对学生品德素质的评价和要求往往比较笼统，考核的内容也不具体。这些错误的导向在一定程度上使部分学生走上了不诚实之路。

三、提高大学生诚信教育的对策

（一）培养道德情感，锤炼诚信的道德意志

道德情感是个人对现实生活中道德关系和道德行为的爱憎、好恶等的内心体验和主观态度，它往往成为道德实践的直接动机。苏霍姆林斯基认为，没有情感，道德就会变成枯燥无味的空话，只能培养伪君子。因此，必须培养大学生对诚信的坚定情感，将道德认识升华为高尚的道德情感，从而进一步内化为人的道德品质。道德意志是个体在履行道德义务的过程中，通过自觉地确定目的、支配行动、克服困难等表现出来的能动的实践精神。它有三个重要特征：自觉性、自主性、自律性。诚实守信是一种品质，仅靠外在的约束显然是不够的，还要加强内在的意志品质的培养。大学生只有道德意志坚定，才能克服诸多困难，自觉按照社会道德规范来调控自己的行为。

（二）以文化活动为载体，广泛开展诚信道德实践活动

高校有良好的育人环境、丰富的教育素材，学生诚信理念的建立和诚信行为的养成虽然有赖于社会大环境的好转和优化，但也离不开高校自身所特有的先导能动作用。学校要充分利用一切宣传理论工具，充分发挥其文明窗口的作用，如利用广播、宣传板、黑板报、壁报等，大力宣传诚信教育的社会意义，褒扬诚实守信的先进典型，广泛开展以诚实守信为主题的多种形式的诚信演讲、征文比赛、辩论赛、无人报刊销售等实践活动，积极营造"以诚信为荣，以失信为耻"的良好风气，真正形成一个倡导和注重诚实守信的良好氛围。

（三）加强大学生网络诚信教育

高校德育工作者应当充分利用网络手段，发挥网络在道德教育中的作用。通过网络来改变传统的、单一的教学手段，丰富德育课程的内容；通过开设诚信教育网站等形式，充分利用网络的信息传递优势，宣传诚信思想，营造诚信教育的良好氛围；同时，网络教育强调的是"双主体"，充分发挥学生的主动性，较好地避免传统教育中学生因自身的"客体"身份而产生的逆反心理，达到良好的教育效果。此外，网络手段又有利于预防和抵消网络对诚信道德教育的负面影响。

第四节　大学生廉洁教育

一、大学生廉洁教育的意义

（一）大学生廉洁教育是践行科学发展观的重要体现

通过廉洁教育宣传社会主义先进文化，引导大学生树立中国特色社会主义的坚定信念和正确的世界观、人生观、价值观，筑牢他们拒腐防变的思想基础，使其成为社会主义建设事业的合格人才。这是全面贯彻、落实两大思想的必然要求，是反腐倡廉建设和廉政文化建设的实现目标，也是构建社会主义和谐社会的重要保证。

（二）大学生廉洁教育是高校培养优秀人才的必然要求

高校要为社会培养高素质的人才。大学生不仅应该具备知识、技能，更应该具备高尚的情操。大学生要成为"国民表率、社会栋梁"，首先应做一个合格的公民。合格公民包含的内容广泛，包括身心、德智、知识与能力诸多方面，要求学生要讲诚信，要廉洁自律，要有创造力和创新精神，要重视道德的培养。所以对大学生来讲，爱国主义、集体主义、人民至上、洁身自爱必须内含于其品质之中。

（三）大学生廉洁教育是净化社会环境的需要

廉洁既包括公职人员的廉洁，也包括社会其他成员的廉洁。为了抑制公职人员腐败，我们开展了廉政教育和干部教育。但是，仅仅抑制公职人员腐败并不能实现社会廉洁教育的目的。因为公职人员的思想意识仍受到社会环境的影响。公职人员滥用权力的最终原因都可以归结为社会诱惑，很多官员腐败案都涉及不健康的社会关系因素。腐败交易通常包括需求和供给两方面，两者之间互相刺激。只有同时从供求两个环节入手，才能切断腐败链条。公职人员腐败意识滋生有内因和外因两个方面，要有效抑制其腐败意识，仅靠公职人员的廉政教育是远远不够的。只有社会清廉，以贪为耻、以廉为荣的社会风气才能在全社会树立，才能增强整个社会的免疫力。大学生是未来廉洁社会的主要建设者。在大学生中进行廉洁教育意义重大，没有廉洁的社会，清廉政治、廉洁政府也就无从谈起。

（四）大学生廉洁教育是构建和谐社会的需要

人是和谐社会的主体，也是腐败的主体。去除腐败这一社会毒瘤必须要人人参与，因此必须要对大学生进行反腐教育，将大学生廉洁教育和思想品德教育融为一体，使大学生树立积极、健康、向上的理想信念，塑造其廉洁公正的品质，提高抵御腐败的能力，为构建和谐社会提供人才资源。因此，大学生廉洁教育作为构建和谐社会的基础性工程，是我们必须承担的责任。

大学生健康成长是构建和谐社会的基础。大学生廉洁教育工作者要引导学生树立社会责任意识和廉洁意识，开展对大学生的廉洁教育，启发大学生的道德觉悟，引导大学生在现实生活中正确认识廉洁教育，对于形成以廉为荣、以贪为耻的社会风尚，促进社会的稳定和谐，具有十分重要的意义。

二、开展大学生廉洁教育的措施

（一）加大廉洁文化教育的力度

大学生的廉洁教育绝不仅仅是一种口号，而是廉洁文化的建设。我们要利用大众传播媒体，在电视媒体、网络媒体等方面下大力度进行廉洁文化的宣传，在全社会形成廉洁文化氛围。

廉洁文化是一种先进文化，先进文化具有熏陶作用。我们要实现廉洁教育的开放化、全民化。传统意义上的廉洁教育仅仅局限于"会场"，这是远远不够的。我们要将廉洁文化全面推向便于全民参与的开放式广场，使廉洁文化通过"广场"进入广大人民心中，发挥其对当代大学生发挥的潜移默化的教育作用。

（二）把反腐倡廉作为大学生应当承担的社会责任

人的发展离不开社会。一方面，个人离不开社会，人是最名副其实的社会动物，不仅是一种合群动物，而且是只有在社会中才能独立的动物，人的本质在其现实性上是一群社会关系的总和；另一方面，社会又离不开个人，没有个人，社会就不能存在，就此而言，社会本身即处于社会关系中的人本身。当前在市场经济环境中，不少人在精神上产生了困惑，这种情况决定了改变精神价值观念是使现代社会摆脱危机的重要出路。大学生应处理好个人利益与社会整体利益之间、权利与义务之间的关系，对于禁止什么、提倡什么要有明确的态度，对于社会上出现的消极腐败现象应当予以揭露，明白反对消极腐败行为是自己所应承担的社会责任。

（三）把廉洁教育与各项工作紧密结合起来

要把廉洁教育与保持共产党员先进性教育结合起来，加强对大学生党员的道德教育，使其牢固树立马克思主义的世界观、人生观、价值观，坚持科学发展观，进一步提高他们的思想政治素质。把廉洁教育与行风建设和师德、师风建设紧密结合起来，使廉洁教育活动以一种学生乐于参与、易于接受的形式展开，以增强教育的广泛性、深入性和有效性。通过日常的耳濡目染，学生树立"敬廉崇洁"的道德观，从而建立"廉洁、文明、诚信、守法"的良好风尚。

（四）发挥学生党、团组织的作用

高校廉政文化建设和廉洁教育工作必须充分发挥学生党支部的战斗堡垒作用和学生党员的表率作用。要以保持共产党员先进性教育活动为契机，深入开展廉洁教育，使党员严格要求自己，提高党性修养，充分发挥其在大学生廉洁教育中的骨干带头作用和先锋模范作用；要发挥共青团和学生组织在教育、团结、联系大学生方面的优势，在大学生廉洁教育中发挥好桥梁和纽带作用；还要高度重视学生社区、网络虚拟群体等新型学生组织在廉洁教育工作中的重要作用，发挥学生的积极性和主动性。

第五节　大学生就业教育

一、就业的含义

就业是劳动者同生产资料相结合，从事一定的社会劳动并取得经济收入的活动。大学生就业就是指大学毕业生得到职业、参加工作，即从学生向劳动者的过渡，它反映了教育学习和职业实践之间的联系。

二、多媒体大学生就业指导的基本含义

大学生就业指导就是要帮助大学毕业生认识和适应就业过程，并解决好流动中的问题。大学生就业指导，不单纯是帮助大学生选择职业，求得一份工作，也是帮助大学生预测社会的需求状况，传递就业信息，让他们掌握正确的择业方法，为他们解决就业过程中遇到的问题，开发就业市场，组织"供需见面""双向选择"招聘会，从而达到使他们适应环境、成功地走向社会并为社会做贡献的目的。

三、树立正确的择业观与创业观

（一）树立正确的择业观

1. 先就业，后择业

在计划经济条件下，一些人形成了一次就业定终身的观念。而现在社会为人们提供了独立发展的空间，市场经济具有合理配置人力资源的特征，它有利于实现人才的合理流动。资金、商品要流动，同样人力资源也要流动。毕业生不要急于在短时间内找一份"铁饭碗"工作，而要学会在流动中求生存、求发展。人事制度的不断改革与完善，为毕业生的流动就业创造了条件。近年来，一部分毕业生不再强求找一个固定的就业单位，而是将人事关系托管在工作地的人才交流中心，在哪里找到工作，就在哪里就业，发挥才干。因此，毕业生要树立不断进取的流动观念并学会在流动中发现机会、抓住机会、把握机会。

2. 勇于面对竞争

社会主义市场经济最显著的特点之一是竞争。竞争可以激发人们自立、自强、自主的精神，调动人的内在潜能，增强人的工作能力。人才市场同样存在着激烈的竞争。面对就业竞争的现实，毕业生应当摆脱被动依赖、消极等待的状况，敢于竞争，树立"爱拼才会赢"的观念，做好多方面的竞争准备。

全国每年都有上百万的毕业生要在一定时间内实现就业，这使每一个毕业生都存在着一定的压力。如果没有强烈的竞争意识，不把外在的压力转化为内在的动力，没有主动竞争的思想准备和积极参与应聘的行为，显然是难以顺利就业的。人才市场上的供需关系总会存在一些不平衡之处，同一个岗位

往往有较多的择业者期望获得，择业者要想实现自己的目标，唯有参与到竞争中去。

有竞争就有风险，参与竞争就难免要受到挫折。对于毕业生来说，尤其要注意提高自身的心理承受能力，把挫折看成锻炼意志、增强能力的好机会。毕业生要保持良好的竞争心态，主动摆脱颓废情绪，要认真分析失败的原因，调整自己的择业目标，要鼓足勇气并争取新的机会，绝不能因此而灰心丧气、一蹶不振。

3.提高综合素质

在毕业生就业市场，经常看到一些毕业生由于各种各样的原因而放弃本专业岗位，盲目追求热门职业。大学生在选择就业岗位时一定要慎重考虑，现代科技发展使知识更新的周期大大缩短，对于某些专业来说，如果改行一两年后再重操旧业是相当困难的。专业知识是一个人知识结构的主干，是知识体系的主体，而专长则是知识结构的枝干，是知识体系的外延。知识结构主干决定了就业的范围。我们虽然不提倡绝对的专业对口，但也应考虑所掌握主体知识的适应性。因此，毕业生择业时首先要考虑所学的专业，根据专业特点谋求职业，以使专业特点与职业要求相匹配，发挥专业优势。事实上，有些用人单位更加注重毕业生的综合素质。他们坚持这样的理念：只要给每位毕业生以同等的机会，他们都会尽力做好。事实证明这是科学、明智的用人之举。因此，毕业生应善于把握机会、认真分析，做出符合自身特点的选择。

（二）树立正确的创业观

1.要有敢于创业的勇气

创业需要有信心，只要经过充分的论证，选准了的事情就要咬定不放，不动摇、不犹豫，勇于面对前进中的曲折和困难；创业需要有恒心，要持之以恒，不怕各种挫折，失败了爬起来再干，终有一天会成功；创业需要有耐心，任何事业都不是一帆风顺的，必然要经历一个长期积累、长期发展的过程，在不断熟悉社会、适应市场的过程中，才能驾驭事业的航船，才能乘风破浪；创业更需要有知识，特别是高科技知识。

创业最能体现人生价值和个人能力。创业不是坐享其成、因循守旧、因人成事，而是个人才智最大限度发挥，把人的所有潜能都挖掘出来。创业有时候需要孤军作战，不被亲朋好友所认可，不被社会一下子就认可。受挫、焦虑、愤怒、自卑、怀疑……种种感受像打翻了五味瓶，什么都得品尝，什么都得体验。

2. 要提高创业能力

创业是一个系统工程，它要求创业者在企业定位、战略策划、产权关系、市场营销、生产组织、团队组建、财务体系等一系列领域有一定的知识积累。大学生有了好的项目或想法，只是代表"创业的长征路"刚跨出了一步。一些大学生认为，凭一个好的想法与创意就能创业成功，而在创业准备时对可能遇到的问题准备不充分或根本就没有思考对策与设计好退出机制，所以对来自各方面的反面因素浑然不知，从而导致一开始便遇到各种各样的难题，使创业还没有走出多远，即以失败告终。所以创业者不是全才，但要着眼于全才。

第五章　多媒体时代高校思政的创新研究

第一节　多媒体时代高校思政工作的创新

多媒体是相对于传统媒体而言的，是继广播、电视、报刊等传统媒体后崛起的新媒体，是利用互联技术等进行即时性沟通的渠道。通过手机、电脑等终端，我们可以随时随地向用户提供信息服务。当今的大学生，几乎每人都有自己的手机和电脑，很容易通过各种多媒体，包括微信、微博、论坛等接触到各种新鲜事物。在当今的时代背景下，多媒体的作用日益突显，主要表现在舆论引导、思想教育、交互等方面。由于在多媒体环境下会出现了信息杂乱、文化渗透和意识形态侵入等情况，所以高校思政教育工作者需根据时代的变化对工作方式进行调整。如何在这样的时代背景下使工作有所突破，是一个值得我们深思的问题。

一、创新教育理念

多媒体在社会生活中所发挥的作用不容小觑。在这样的环境下，广大思想政治教育工作者应高度重视多媒体教育，推进高校思政工作方式方法的改革，利用好多媒体传播速度快的优势；以多媒体为载体开展多样化的校园文化活动，吸引更多大学生关注和参与，从而提高学生思想政治教育工作的时效性，抓住思政教育的最佳时机，掌握思想政治教育工作的主动权。

二、改进教育方式

思政教育工作者在改变传统教育理念的同时，首先要做的是改变原有的思想政治教育方式，把多媒体技术应用到思想政治教育中去，构建一套满足多媒体发展需要的思想政治教育体系。既要保持主旋律不变，又要对现有的教育方式进行创新，要充分发挥多媒体的舆论导向作用，使学生积极参与到教学过程中来。在改变教育方式的过程中，除了需要拓展、更新基础业务知识外，还需要在工作实践中对多媒体传播方式进行创新。例如，借助多媒体传播中用到的各类平台，用青年人容易接受的方式开展思想政治教育沟通工作。这不仅可以让高校学生的思政教育工作更快、更有效地开展，也能迅速提升思想政治教育工作者的业务水平。其次要加强制度建设。多媒体信息十分复杂，教育工作者需要通过网络管理制度、危机预防与处理制度等相关校园制度，完善校园网络的舆情疏导机制，改进工作方法，强化引领作用，净化校园的多媒体生态环境，以提高思政教育的工作成果，推动校园正能量的传播和发扬，从而使思想政治教育工作自然深入地走进大学生的心灵世界。通过这种方式来加强教师与学生之间的沟通，培养大学生的学习能力、办事能力、创新意识。同时，思想政治教育工作者也应不断学习，扩大自身的知识面，加强对多媒体知识的了解，不断提高教学能力，不仅要做好思想政治教育工作，还要学会借助多媒体处理各类问题，学会借助各种平台、载体以及一切可发挥的力量，不断改进思想政治教育工作思路和策略。

三、优化思想政治工作架构

优化思想政治工作架构是指在多媒体的背景下，充分整合、利用校园中各部门的资源，建立一种立体化的工作机制。首先，需要成立负责校园网络思政工作的专管部门，对原来各部门自上而下、各行其道的运行机制进行改革，逐步探索出一套各部门相互配合、统一管理、协调共进的宣传新模式，进一步加强对大学生思政工作的监管；并参与推动多媒体技术的广泛应用，充分发挥其对青年群体的引领作用，凸显其在思想传播上的优势。在坚持完成校党委领导下的校园宣传工作的同时，建立学生处、宣传处等校园多媒体宣传端口，并根据多媒体的技术种类，将工作人员细分为论坛 GM、微博和微信后台管理员、门户网站维护员等，让学生参与负责不同领域的技术管理工作，在锻炼学生能力的同时还可以充分发挥多媒体的宣传作用。其次，各大高校需要结合本校的实际情况制定相关的管理制度，加强学校对多媒体技术运用过程的监督与管理，组建信息监测专管部门，建立严格的信息处理体系，进一步完善、提高校园信息的筛选处理技术，掌握校园舆论的主导权，从而更有效地传播校园正能量，净化网络环境，让网络宣传平台充分发挥其引导作用，提高高校思政教育工作的效率。

　　综上所述，多媒体对大学生产生了重要的影响，应充分利用多媒体在信息传播上的优势，促进高校思政工作的创新与发展。高校思想政治工作者要充分利用多媒体的优势，发挥多媒体的舆论导向功能，构建良好的校园文化氛围，让学生在沟通、交流中逐渐建立正确的德育观念，使思想政治教育与学生生活紧密联系起来。

第二节　多媒体背景下高校思政机制的优化与创新

　　随着网络信息技术的迅速发展，高校思政面临的形势以及当代大学生的生活、认知乃至思维方式均发生了巨大变化，当前的教育机制已经不能适应网络多媒体蓬勃发展的形势。正如习近平总书记所指出的："做好高校思想政治工作，要因事而化、因时而进、因势而新。"在多媒体背景下，应重视大学生的思想政治教育，彰显社会主义核心价值观和社会主流观念，使大学生能够自觉抵制网络多媒体领域的不良信息，不断推进高校思政理论和实践的新发展。

一、多媒体背景下高校思政机制现状分析

（一）多媒体为当前高校思政机制改革提供了重要机遇

　　多媒体的到来深刻改变了社会生产、生活的传统模式，同时也给当前高校思政工作带来了前所未有的机遇，主要表现在以下几个方面。

　　①多媒体的发展突破了高校思政的时空限制。多媒体技术的普遍应用，特别是以智能手机为代表的多媒体终端设备的普及化，使人与人之间的交流和沟通更加顺畅。在这一背景下，大学生的思想政治教育工作不再受时间和空间维度的限制，高校思政工作迎来了前所未有的发展机遇。

　　②多媒体的发展拓宽了高校思政工作的手段。在多媒体时代，大学师生之间的交流更为便捷，因此高校思想政治教育工作者可以及时了解大学生的思想动态，并采取有针对性的教育方式，也可以利用多媒体技术手段开展思想政治教育工作，从而增强教育的吸引力，激发学生的学习兴趣。

　　③多媒体的发展增强了高校思政教育的效果。在多媒体背景下，大学生思想政治教育彻底改变了传统的一张嘴、一支笔的简单教育模式，以更丰富的内容和更为多元化的手段深入进行，这可以在一定程度上改变大学生对思想政治

教育那种简单、枯燥的错误认知，使大学生以积极的心态接受思想政治教育，以显著提高高校思政教育的效果。

（二）多媒体为当前高校思政机制改革带来了巨大挑战

多媒体的发展对高校思政不仅存在有利的一面，同时也使其面临着诸多挑战，主要表现在以下几个方面。

①多媒体的发展对高校思政主体提出了更高的要求。首先，在多媒体环境下，大学生获取各种信息的渠道日益增多，其获取的信息量也急剧增加，这必然导致高校在思政教育上的信息优势日渐丧失，如果这种情况得不到有效改善，教育主体的权威将会面临严重挑战。其次，部分教育主体思想观念陈旧、运用多媒体的意识和能力不足，这必将会影响到多媒体在高校思政领域中作用和价值的发挥。

②多媒体的发展给高校思政的媒介要素提出了新的要求。在教育方法方面，传统媒体时代的高校思政主要通过思想政治理论课、主题班会以及师生谈话等的方式开展，其形式单一，难以激发学生的学习热情。在多媒体环境下，高校和广大教育工作者如何利用好多媒体的优势，积极开展教育方式和手段的创新工作，就成为当前高校思政教育工作中亟待解决的问题。在教学内容方面，多媒体背景下的信息传播突破了传统的时空限制，高校思政必须要拓展教育内容，使学生掌握思想政治理论的同时，形成正确的网络道德观念，自觉抵制网络不良信息的诱惑和影响，形成正确的网络道德观。

二、多媒体背景下高校思政机制的优化与创新

多媒体背景下的高校思政工作是一项系统工程，在发展和完善思政工作时不仅要适应多媒体迅速发展和普及的时代特征，同时也要遵循思想政治教育理念和大学生心理发展的规律。

（一）整合思想政治教育资源

虽然高校教师是对大学生进行思想政治教育的主力，但是学校党委宣传部、学工部、团委等部门也是对大学生实施思想政治教育的重要资源。在多媒体背景下，各高校要充分利用多媒体的技术优势，对上述资源进行整合，以构建起高校思政的强大合力，如建设专题网站、构建思想政治教育数据库、录制思想政治教育微课视频、建立常态化的家校沟通机制等。

（二）优化思想政治教育内容

面对蓬勃发展的多媒体对高校思政内容的解构与重构要求，有必要进行相关教育内容的优化设计，以时代性和开放性为原则，积极构建适应多媒体需求的高校思政内容结构体系。具体而言，思想政治教育工作者不仅要引导当代大学生形成正确的世界观、价值观和人生观，使其正确认识现实社会，还要使大学生形成良好的网络道德观念，正确认知网络虚拟社会；不仅要使大学生树立社会主义核心价值观，参与现实社会中的民主政治建设，亦要使其积极参与网络民主政治建设，自觉抵制西方社会的意识形态文化；不仅要教育学生遵守现实社会的法律法规和社会道德规范，亦要使其遵守网络虚拟社会的道德和法律。

（三）提升高校思政工作者的多媒体素养

在多媒体环境下，大学生的思想政治教育工作者不仅要坚守传统课堂教学的主阵地，还要积极占领通过多媒体进行思想政治教育的制高点。显然，高校思政政治工作者的多媒体素养高低关乎上述任务的成败。因此，建议高校以教育改革和师资培训为契机，增强广大教职员工的信息意识，积极开发网络空间中的思想政治教育资源，不断拓展多媒体在高校思政中的应用领域。当然，在网络信息多元化的背景下，广大教师亦应该提高自身的理论水平和辨别能力，对于网络上出现的反面声音要敢于亮剑发声，自觉维护我国社会的稳定和谐。

（四）正确引导高校网络自组织的发展

网络自组织是在互联网多媒体背景下发展起来的一种高校学生组织，为大学生进行学习和信息交流提供了一个快速、便捷的平台。随着高校网络自组织的发展和普及，其作为高校思政平台的功能和价值也日渐凸显。显然，高校网络自组织对开阔学生的视野，促进大学生的人际交流具有重要作用，同时，一些网络自组织在传播过程中放大了负面信息对大学生的潜在影响。因此，高校要加强对这些网络自组织的监督与管理，从建立、发展和日常管理方面加强引导，充分发挥其在高校思政方面的重要价值，传播正能量，弘扬真善美，为大学生的成长指明方向。

（五）提升大学生的信息鉴别能力

在多媒体时代，信息传输已经打破时空界限，文化泛化成为当前世界文化发展的重要趋向，同时也成为我国社会转型期文化发展的重要特点。在这一背景下，西方敌对势力为了达到其不可告人的目的，妄图利用多媒体加大对我国人民的意识形态渗透。同时，国内一些别有用心的人也利用多媒体传播一些虚假信息。由于大学生群体社会阅历尚浅，往往对网络信息的真伪缺乏足够的辨别能力，容易受到一些网络不良信息的蛊惑。因此，各高校需要采取有效措施，提升大学生的网络信息鉴别能力，强化他们对不良网络信息的识别能力，同时使他们深刻认识到这些不良信息的危害性，从而自觉抵制这些不良信息。

创新高校思政的理念和方式方法是一项长期的系统化工程，需要政府、社会、高校的共同努力，通过调动社会各方面的积极因素，实现教育资源的优化配置，不断开拓高校思政工作的新局面，为中华民族伟大复兴中国梦的实现培养德才兼备的人才。

第三节　多媒体环境下思想政治教育与大学生创新创业课程设计

现阶段，我国要依托网络信息技术及数字通信技术等新形式对传统媒体形式进行优化升级。目前多媒体已经广泛渗透到大学生的日常生活中，成为大学生生活中不可或缺的传播媒介。在信息多元化的趋势下，我国高校思政教育迎来了巨大的机遇与挑战，因而，当前思想政治教育工作者应顺应时代的发展，对传统形式进行优化与调整，将思政课程与大学生创新创业课程进行有机融合，确保课堂质量的提升，进而有效地提高大学生的就业率，为社会培养出大量的优秀人才。

一、多媒体环境下思想政治教育为大学生双创课程带来的转变

（一）教学观念

当前，在多媒体环境下，要想使思想政治教育与大学生双创课程有机融合起来，首先就要积极转变教师的教学观念，突出时代的主流思想与创新意识，对传统的教学方式加以优化与调整，进而充分地将教材中的知识从创新的角度展现出来。

例如，一些大学生认为思想政治相关内容离自身实际较远，因而对内容理解不到位。但是如果教师将这部分内容以多媒体的形式展示出来，引导学生利用信息化技术带动国家经济的发展，从而实现个人价值与社会价值，学生就会觉得这样的思想政治课不仅切合实际，同时还生动有趣。因此为学生提供这样

一个相互讨论与自我思考的平台，能够在一定程度上使大学生对未来的创新创业产生共鸣。

（二）教学方式

在多媒体的背景下，要采用思想政治教育与双创教育有机融合、理论与实践相结合的新型教学方式。例如，在对大学生创新创业课程进行讲解时，通常要以案例的形式引导学生进行头脑风暴，借助情景教学法来进行实践模拟，通过此种形式培养学生解决问题的能力及团队协作的能力。

同时，还可以在学生日常思想政治教学环节中引入双创教育的实践环节，以此来提高大学生对创新创业实践活动的参与度，从而更好地达到学以致用的目的，为将来更好地就业打下坚实的基础。

二、多媒体环境下思想政治教育融入大学生双创课程的主要表现

（一）为学生带来创业的机遇与挑战

多媒体时代的到来，为大学生的创业带来了众多的发展机遇，同时也带来了一定的挑战。据相关部门统计，目前，全球范围内的大学生创新创业的比重已达到大学生总量的30%，对于我国而言，近年来大学生创新创业的比重也呈现出持续上涨的趋势。

2015—2017年，我国大学生创新创业人数和比例均呈现逐年增长的变化趋势。这为基于网络平台、微信、微博等多种形式的思想政治教育在高校学生双创课程中的融入提供了更加广泛的受众保证，而以网络为主的多媒体也成为多数大学生创新创业过程中的必备工具，这进一步为思想政治教育在双创课程中的融入提供了重要媒介。还需说明的是，多媒体对大学生而言是一个全新的平台，在网络信息技术的不断推动下，它会为大学生带来源源不断的就业商机，使大学生能够充分发挥自身的主观能动性。这也是新一代大学生群体所特有的优势。在多媒体背景下，依托于多媒体的力量还能够在一定程度上降低大学生的创业成本。大学生在多媒体下进行创新创业不仅能提升自身的创业能力，降低创业成本，还能得到国家的资金支持，这对于当代大学生来说无疑是开阔眼界、增长见识、提升能力的最好途径。

（二）立足于多媒体理念为学生提供更多的双创实训平台

创业实训作为创新创业课程的延续，是学生对创业的模拟、参观与体验，

主要是为了培养大学生的创新思维和创业能力。高校应立足于多媒体的理念，为学生提供更多的双创实训平台。高校可以通过互联网＋模块的方式，如设定模拟模块，该模块包括网络平台的生产经营、工商注册虚拟模拟，商业画布、沙盘模拟，以及财务、人资管理等专业软件模拟；还可以创新游戏模块，通过特定游戏来改变大学生的固有思维模式，培养其创新思维。

在当前多媒体的环境下，思想政治教育要想与大学生创新创业进行有机融合，首要的就是培养当代大学生的双创意识，支持并鼓励大学生进行自主创业，利用多媒体理念与思维并结合互联网的先进技术为大学生提供更多的实训平台，培养学生的创业素质与理念，提升其在社会上创新创业的成功率。

三、多媒体环境下思想政治教育融入大学生双创课程的设计路径

（一）全力打造以双创教育为导向的思想政治教育模式

将思想政治教育融入高校创新创业课程之中，不仅为大学生的整体课程带来了众多的转变，如教学理念、教学方式等层面的转变，还在一定程度上促使思想政治教育工作者在教学过程中确立了以创新创业为导向的宗旨，能够帮助当代大学生更好地创业和就业。

一方面，学生借助多媒体，在思政课堂上对创新创业能力与理念进行自主谈论，能够有效地增强思想政治教育为创新创业活动带来的实际意义。另一方面，当代大学生在这些理念的指导下还能进行自我完善，从而增加自身价值与社会价值。因此，思想政治教育以创新创业理念为重要导向，能够有效地清除以往过于形式化的思政教育的弊端，充分提升其实效性与价值。

（二）建立健全思想政治教育与双创课程相结合的实践平台

无论是思想政治教育还是创新创业教育都要坚持理论联系实际的方法，不能只单一地发展理论或者只注重实践活动。我国在以往的思想政治教育中也增加了实践的环节，但是实践的形式陈旧且过于形式主义，这使得大学生对此产生了厌烦情绪，进而丧失了学习兴趣。因此在现阶段，应将思想政治教育融入大学生的创新创业课程之中，提升实践平台的实用性与开放性，最大限度地发挥学生的创新能力。

基于此，高校应该利用原有校企合作的方式，根据自身的资源及现实情况合理地构建实践平台，建立健全思想政治教育与双创课程相结合的实践平台，突出多媒体的资源导向性功能，从而进一步拓展思想政治实践课程，为学生未

来真正进行双创活动打下坚实的基础。

综上所述，在多媒体环境下，高校思想政治教学工作本来就是一项长期的、复杂的工作，因而，原有的教学模式及互动路径等都要随着多媒体要求的不断变化得以优化及调整，与高校创新创业课程进行有机融合，进而确保学生在未来就业及创业的发展道路上能够畅通无阻。

第四节　多媒体时代高校思政工作的"微创新"

多媒体是在报刊、广播、电视等传统媒体之后发展起来的，它是利用数字、互联网技术，通过手机、电脑等终端，向用户提供信息和娱乐的传播模式。它既融合了传统媒体的性能，又具有移动式的通信、网络等数字化的传播功能。任何人在任何时间、任何地点都可以通过任意终端进行任何数据信息的交互与传输。当代大学生是多媒体的最大受众群体，多媒体在为其创造全新环境的同时，也冲击着大学生的思想、观念，给高校思想政治工作带来了新的挑战。尤其是微博、微信等"微传播"手段出现以来，"微时代""微传播"悄然地影响着大学生的思维模式和行为方式。我们应适应多媒体的变迁，应对"微传播"信息的即时交互性，探索出高校思政的新模式。我们应把线上线下双向互动作为手段，以平台和机制建设作为着力点，积极抢占思想政治"意识形态领域"新阵地，最终引导大学生形成正确的世界观、人生观、价值观，使思想政治教育工作更富时代感，更具生活化，更有实效性。

一、转变观念，注重"微交流"，提高"微素养"

高校思想政治工作者肩负着"培养什么人""如何培养人"的重要使命。面对"微时代"背景下"微媒体"给大学生思想带来的冲击，我们必须从心理上接受这一事实，及时转变观念，引导大学生树立正确的"微媒体"使用观，使其更好地服务于高校思想政治工作。只有教育者自身融入"微文化"中去，才能基于现实情况及时做出调整，采取有效措施解决问题，提升教育的针对性和实效性。

基于时代需求，积极构建一支适应"微时代"特征的思想政治工作队伍，不断提升教师的理论水平与信息处理能力，使教师能够"根据'趋利避害'的精神和'充分利用，积极建设，加强管理'的原则，牢牢掌握网络的主动权"，同时"创新改进网上宣传，运用网络传播规律，弘扬主旋律，激发正能量，大力培育和践行社会主义核心价值观，把握好网上舆论引导的时、度、效，使网络空间清朗起来"。例如，可以从"微"入手，通过评微博、聊微信、观察微事物、体验微生活、实现微教育等方式，在教师队伍中广泛开展"学说微语言，摆正微心态，关注微学声"的主题教育活动，使教师善用网络语言，更好地找准角色定位，更细致地体察学情生意，提升大学生思想政治工作队伍的"微素养"。教师应主动学习"微时代"的新技术、新观念、新语言，将具有正面价值的理念纳入思想教育工作中，为引导"微时代"舆论起到积极的作用。

二、创新手段，搭建"微平台"，体验"微生活"

应对"微时代"传播设备移动性、形式微小性、速度即时性、方式互动性、内容复杂性等特征，不少高校已经主动创建了微信平台、微博平台、人人网平台、BBS论坛等，这是新时期高校网络宣传教育的重要组成部分。高校应利用多媒体点对点、点对多、多对多的交流互动功能，创建起教育者与被教育者之间即时、有效、平等的沟通平台，通过平台了解大学生的真实想法，准确把握大学生的思想动态及其人生观、价值观、世界观。高校应牢牢把握"第一时间"、"第一现场"和"第一报道"，对学生进行引导，做到不缺位、不失语、不遮遮掩掩、不放任自流，主动利用多媒体工具拉近师生之间的距离，确保舆情信息引导机制发挥正面的作用。

多媒体拓宽了大学生的学习生活空间，在多媒体环境下，大学生可不受地域与时空的限制，全方位地接受教育。同时多媒体也拓展了思想政治教育的维度，让思想政治工作者不仅有了传统教育的空间与范围，也有了虚拟的空间与范围，构建了一个宽广的、立体式的工作平台。高校可以通过讲述"微典型"故事、定期展示优秀DV作品、开展毕业话题讨论等丰富多彩的活动，并充分利用"微平台"传播各类信息，来不断提高平台在师生中的关注度，使其成为高校思政教育的重要途径。各类"微平台"的建立也为师生提供了更为便捷、有效的沟通途径，打破了传统管理的时空限制，提高了思政教育管理的效率，也为新型师生关系的重构创造了条件。我们应"打造微平台，拍摄微电影，树立微典型"，不断创新教育模式，打造"线上传播交流，线下体验讨论"教育渠道，将形式说教型教育转向情感内化型教育，为思想政治教育工作提供全新的视角，使思想政治工作更贴近实际、贴近生活、贴近学生。

三、加强管理，探索"微模式"，搞好"微教育"

为了确保"微平台"在绿色环境下健康运行，高校应建立适合多媒体发展需要的网络舆情引导制度，组建专门"微团队"，加强平台的日常监管维护工作，形成大学生使用微媒体的信息交流和意见反馈制度；鼓励大学生建立和完善自律自查机制，培育一批大学生网络信息员和舆论领袖，促进大学生文明网络言行习惯的养成，提升大学生的社会责任感；建立健全校园新闻发言人制度，凸显新闻发言人的舆论引导作用，及时、主动、准确地发布权威信息，消除误会，发布正确的舆情信息，增强师生的认同感；加强大学生关于互联网行为规范的法律法规教育，通过广告栏、宣传板、报告会、选修课等方式方法，积极开展多媒体通识宣传教育，增强大学生"微平台"使用者的责任意识、辨别意识和自律意识。此外，整个社会包括媒体行业、政府及相关部门也应积极借鉴国内外的先进经验，加强技术攻关，制定和完善相应的法律法规，建立一套严格的多媒体信息监管机制，为当代高校思政营造一个良好的环境。

通过实践不断探索创新，构建大学生思想政治工作的O2O教育模式。O2O教育模式以角色转换，发现"微典型"等活动为契合点，以"线上引导舆论，线下指导行为"为最终目标，以互动式、体验式、引导式和渗透式等方式来开展思想政治教育工作，实现虚拟与现实的和谐统一。充分利用"微传播"手段，加大宣传力度，传递正能量，例如在发现"微典型"活动中，积极鼓励师生用"显微镜"观察身边"微人物"的"微变化"，善于发现其闪光点，将其制作成微视频或撰写成微小说上传到"微平台"以参加评选，并将优秀获奖者的事迹在平台上进行推广，等等。此类活动使得"线上传播交流，线下体验讨论"实现了完美结合，实现了高校思政由静到动的转变，也促进了高校思政工作的健康、和谐发展。

第五节　"四个自信"视域下运用多媒体创新高校思政工作方法的研究

习近平总书记在庆祝中国共产党成立95周年大会上提出了"四个自信"的理念，即中国特色社会主义道路自信、理论自信、制度自信、文化自信。本节从"四个自信"出发论述高校思政工作的重要性，分析了当前高校思政工作中在"四个自信"教育方面存在的不足，并结合当前多媒体的特点，有针对性地提出了结合多媒体创新性地开展以"四个自信"为核心的高校思政工作的具体措施。

一、将"四个自信"教育融入高校思政工作的重要意义

高校思政工作历来都是我党高度重视的战略工程。2016年12月，全国高校思想政治工作会议在北京召开，在会上，习近平总书记明确指出了"应该办什么样的大学，怎样办好大学，培养什么样的人才，如何培养人，为谁培养人的问题"，强调各高校要坚持把立德树人作为中心环节，把思想政治工作贯穿于教育教学的全过程，实现全程育人、全方位育人，努力开创我国高等教育事业发展的新局面。2017年10月18日至10月24日，中国共产党第十九次全国代表大会在北京召开，随后在教育部发布的《中共教育部党组关于教育系统认真学习宣传贯彻党的十九大精神写好教育"奋进之笔"的通知》中也提到，要扎实推动党的十九大精神学习、研究、宣传全覆盖，自觉用习近平新时代中国特色社会主义思想武装广大干部师生的头脑，要牢固树立"四个意识"，不断坚定"四个自信"，在政治立场、政治方向、政治原则、政治道路上同以习近平同志为核心的党中央保持高度一致。可见，加强研究高校学生思想政治教育的现状，并结合多媒体的特点，创新性地开展以"四个自信"为核心的高校思政工作，对提高高校思政水平有着重大的现实意义。

二、当前高校以"四个自信"为核心的思想政治教育工作中存在的不足

（一）对大学生开展"四个自信"教育的顶层设计不完善

加强对大学生的"四个自信"教育，正确认识"四个自信"教育的重要性和长期性，是高校刻不容缓的育人使命。但当前部分高校对开展"四个自信"教育缺乏宏观思考和顶层设计，对开展"四个自信"教育的整体思路不明确，缺乏科学合理的系统性教育方案，也导致在开展"四个自信"教育时学校各部门之间分工不明确、步调不统一，相互间缺乏沟通，没有形成合力，在一定程度上弱化了"四个自信"教育的实际效果。

（二）对大学生开展"四个自信"教育不够重视

第一，部分高校领导自身对"四个自信"的认识不够深刻，没有系统地组织全校师生深入学习"四个自信"的相关内容，致使部分教师并没有将"四个

自信"教育融入日常的教育教学活动中，也直接导致学生对"四个自信"理论体系缺乏全面的认识。第二，部分高校没有把"四个自信"教育作为学校的头等大事去抓，对中央文件精神的贯彻和落实存在短期性和形式化的不足。第三，部分高校对大学生"四个自信"教育的认识存在误区，只是简单地把大学生的"四个自信"教育作为一项教学任务分配到二级学院或社会科学部，简单地由思政课的教师在课堂上进行单纯的理论灌输。这种完成任务式的教育力量单薄、渠道单一，无法达到全方位育人的效果。

（三）对大学生开展"四个自信"教育的内容和方式有局限性

第一，思想政治教育的内容没有与时俱进。一方面，部分高校在对大学生进行思想政治教育时并没有及时融入"四个自信"的相关内容，导致教育缺乏时效性；另一方面，部分高校在开展高校思政工作时没有将理论教学与当下的社会热点结合起来，这使得思想政治教育与社会发展相脱节，导致大学生对"四个自信"的内容认识不到位。第二，思想政治教育的方法不新颖、载体不丰富。随着多媒体时代的到来，以微信、微博等为典型代表的多媒体工具已经深深地融入大学生的学习、生活中。但是有些高校的思想政治工作者在推进"四个自信"进校园、进课堂、进头脑的过程中，没有很好地利用多媒体工具，对一些富有时代气息的信息、技术、知识视而不见，师生之间缺乏互动，没有充分发挥学生的主观能动性，思想政治教育缺乏吸引力。

（四）多媒体时代高校思政教育者的话语权被弱化

由于多媒体信息传播具有去中心化、交互性强的特点，大学生可以在多媒体平台上发表自己的观点，因此每个大学生都有可能成为信息的中心，从而弱化了高校思政工作者的中心地位。另外，在多媒体这个平等的交互平台上，大学生的主体性会被极大地激发和调动起来，他们可以通过多种渠道了解并传递信息。这在无形中削弱了高校思想政治工作者的权威性与信息优势，弱化了高校思政工作者对学生的思想掌控力。

三、"四个自信"视域下创新高校思政工作方法的路径

（一）完善高校思政工作体系，构建校内、校外相结合的思想政治教育主阵地

一是构建高校思政教育的校内主阵地。高校要把"四个自信"教育作为学

校的头等大事来抓，由学院领导牵头，校思想政治工作领导小组积极配合，统一调配学校的资源，打破各部门之间的壁垒，实现学校各部门之间的有效衔接，形成学校各部门之间统一作战、共同教育的合力。二是占领高校思政教育的校外阵地。在开展高校思政工作时要注重学校与社会的结合、理论与实践的结合，可以在专业人才培养方案中设置高校思政的校外实践课程，并给予相应的学分及学时。另外，还要把"四个自信"的内容融入大学生校外实践和实习的过程中，让大学生深入农村、企业、社区并进行相关调研，调动他们的主观能动性和参与性，激发他们的社会责任感，让大学生在实践中深刻体会"四个自信"的科学性、先进性。

（二）完善高校"三全育人"机制，实现"四个自信"与高校思政工作的深度融合

首先，高校应积极构建"三全育人"机制，努力营造全员育人、全程育人、全方位育人的良好氛围。全员育人，指的就是高校里的所有教职员工（包括学校的领导、中层干部、专任教师、行政管理人员等）齐心协力，共同推进以"四个自信"为核心的思想政治教育；全程育人，就是要把"四个自信"教育融入大学生思政教育的整个过程中，从大学生进校后的专业教育、主题班会、团课、党课、专业课程学习、顶岗实习环节，到毕业时的就业指导教育，都要融入"四个自信"的内容，使其在潜移默化中产生效果；全方位育人，指的是对大学生进行"四个自信"教育时，既要发挥传统思政课堂的作用，加强理论宣传，同时也要重视第二课堂的思想政治教育，把"四个自信"教育融入大学生的各种校园文化活动、社团活动、社会实践活动中。另外，还要占领网络宣传的主阵地，构建校园网络思想政治教育平台，把"四个自信"教育渗透到大学生的学习、生活中。

（三）加强多媒体思政队伍建设，为"四个自信"思想政治教育工作的推进提供人才保障

1. 提高高校思政队伍对"四个自信"的认识

习近平总书记在全国高校思想政治工作会议上强调，传道者自己首先要明道、信道。高校思政工作者自身首先要加强对"四个自信"的学习和理解，要学得深、学得透，做到入脑、入心；提升"四个自信"水平，树立对"四个自信"的坚定信念，要做到真信、真学、真用；对"四个自信"要有整体的把握，要做到能够用马克思主义的科学观点和方法阐明"四个自信"的历史和实践渊源，解决高校思政工作中出现的新问题。

2.提高高校思政队伍运用多媒体的能力

首先,思政工作者要认识到多媒体给高校思政工作带来的机遇,加强对多媒体技术的学习,提高自身的多媒体素养,掌握多媒体知识,了解多媒体的特征、优势、劣势,并创新性地将其运用到高校思政教育工作中。其次,思政工作者要创新教育方法,改变传统的"教师—学生"单向的灌输式教育模式,利用多媒体工具加强与学生之间的交流和互动,建立"教师—学生"的双向沟通模式。比如,可以使用微信、QQ 等多媒体工具,加强与学生之间的沟通与交流,及时了解学生的思想动态和情绪变化。这样的方式减少了师生之间的隔阂,有利于构建和谐、融洽的师生关系,也能提高高校思政教育工作的针对性和实效性。

(四)充分发挥多媒体的优势,增强高校思政工作的时代感和吸引力

1.搭建多媒体高校网络思政工作新平台

第一,要加强信息化校园建设。高校要加强校园无线 WIFI 的建设,为搭建高校网络思政工作新平台提供硬件保障。以广西国际商务职业技术学院为例,其通过信息化校园建设,目前已经实现了 WIFI 信号在校园的全覆盖,教师和学生只要登录个人专属账号就能使用校园网络,这有效节约了网络思政工作的成本。第二,建立思政工作网站或思政论坛。高校应当充分利用多媒体,搭建思政工作网站,开辟思想政治工作的网络新阵地,专门对"四个自信"进行普及和宣讲。还是以广西国际商务职业技术学院为例,其建立了"赤水青川"思政网站,及时对党的理论、政策、"四个自信"等内容进行主题推送,在学生中产生了良好的宣传效果。第三,建立思政工作微信公众号。当下,手机已经成为大众生活中最重要的传播终端之一,而微信在大学生中的普及率达到了95% 以上。高校可以通过建立思政微信公众号,开设"掌上党校""理论前沿""四个自信"等专栏,把前沿的正能量信息传递给大学生,提高思想政治教育工作的实效性与针对性。

2.建立多媒体高校网络意见领袖队伍

一方面,高校要有意识地加强对思政工作者的培养工作,提高他们的思想道德修养,坚定他们的政治方向,增强他们的社会责任感,提升他们的职业技能,让他们成为高校思政工作中的"意见领袖",使教师成为大学生健康成长的指导者和引路人;另一方面,高校还要重视在大学生中选拔网络意见领袖,要关注校园论坛、校园博客、微博、QQ群、微信群等网络动态，以学生干部、学生党员为依托，选拔出一些思想上进、道德高尚、态度端正，并且有一定影响力的学生骨干，发挥他们的模范带头作用，使他们成为学生中的网络意见领袖。网络意见领袖要向大学生灌输"四个自信"的理论，对大学生进行正确的舆论引导。

3. 丰富网络思政工作平台的资源

高校要组建由思政工作者和技术人员共同组成的专业队伍，让他们共同开发、建设网络思想政治教育的资源库，从而丰富网络思想政治教育的内容。思想政治教育内容要健康丰富、形式多样、生动有趣，具有吸引力，要能够引起大学生的共鸣，教师要将理论带入生活中，增强高校思政教育的实效性。以广西国际商务职业技术学院为例，其利用超星网络教学平台（"学习通"APP），实现在"四个自信"教育过程中师生之间的交互式学习和交流。比如，把以"四个自信"为主题的教学微视频、微课件上传到网络教学平台供学生学习；开设"四个自信"专题线上课程，邀请校内和校外的专家、学者、企业界的精英等就当前一些社会热点问题与大学生进行互动和交流；在网络教学平台组织大学生进行"四个自信"的专题讨论，通过各种方法帮助大学生形成正确的认知。

第六节　多媒体环境下大学生网络思想政治教育的创新

随着信息技术的发展，多媒体呈现出新的时代特征。当前的多媒体环境对大学生网络思想政治教育既有积极影响，也有消极影响。这就需要我们思考如何创新大学生网络思想政治教育模式，充分发挥其积极影响，避免其消极影响。具体策略如下：用新时代中国特色社会主义思想来指导高校网络思政教育工作；建立高校网络媒体平台及多媒体领袖机制和应急机制；培养具备多媒体素养的网络思政工作队伍，对他们进行系统培训；加强大学生网络道德教育，提升他们的媒介素养。

高校思政教育工作者承担着立德树人的重要职责，而随着网络多媒体技术的普及，高校网络思想政治教育工作的重要性越发突出，它直接决定着大学生群体网络空间状况的好坏。

大学生网络思想政治教育简单来讲就是指通过网络进行的高校思政教育工作。它是在互联网日益改变大学生的生活、学习、思维方式的情况下形成的，所以必然以网络技术平台作为传播正确价值观、道德规范、政治观点等的载体，以平等、自由、交互的方式开展教育活动，从而有组织地对大学生进行思想政治教育，使他们成长为符合社会发展需要的人才。多媒体环境对大学生网络思想政治教育产生了很大的影响，这就需要高校思政工作者勇于分析新形势、新环境，不断创新大学生网络思想政治教育方法。

一、多媒体的内涵及其在大学生群体中的应用分析

准确把握多媒体的内涵，清楚认识多媒体在大学生群体中的运用特征，有利于我们深入、全面地分析多媒体环境对大学生网络思想政治教育产生的影响。同时，这也是思考多媒体环境下如何创新大学生网络思想政治教育工作的前提和基础。

多媒体是相对于报刊、广播、电视等传统媒体而言的。当然人们对于多媒体和传统媒体的划分也不是固定不变的，会随着互联网和信息技术的进步而不断变化。所以，从长远来看，多媒体是一个不断随着时代发展而发展的概念，它的内涵必然也会随着时代的进步而不断更新。

对于多媒体的内涵众多学者都进行了相应的界定和分析。其中，张建颖认为"多媒体是通过广泛运用数字技术，实现人际间多向互动的新型传播方式和媒体形态"。张亮等则认为多媒体是指"在科学技术发展的推动下，信息传播领域内通过广泛应用数字技术，实现由所有人面向所有人交互地传播信息的新兴媒体"。张朱博指出，"多媒体技术方面的数字化和传播方面交互化使多媒体有了源源不绝的发展动力"。笔者认为，多媒体就是当前社会以互联网为载体的一种最新的传播媒介，它的"新"主要体现在传播方式上，它利用数字技术和网络技术，通过互联网、手机、数字电视等来传播多种可视化的信息。在当下万物皆媒体的网络时代，多媒体就是人们所生活的环境。

与传统媒体相比，当前社会多媒体的主要表现形式为手机媒体、网络、数字电视等。每个大学生都拥有属于自己的手机媒体和网络媒体，他们热衷于运用这些媒体来了解外部世界，同时展现自己的独特之处。比如，常常更新微博、朋友圈的状态，阅读时事新闻等，这已经成为大学生日常生活状态的一个组成部分。由于大学生对于多媒体有着极大的热情，他们热衷于使用网络上新推出的各种 APP 软件，这必然会对大学生产生影响。

第一，多媒体产品在大学生群体中的普及率较高。随着信息技术的不断更新，电子产品更新换代加速，其价格也比以往下降很多，这满足了人们对于电

子产品的需求，尤其是手机这种电子产品，在大学生群体中已经得到普及。在此背景下，高校也常常通过多媒体来管理学生、发布信息、获得学生的反馈等。

第二，给大学生的日常生活、学习带来便利。网络多媒体的出现，进一步拓宽了大学生了解外部信息和发布、共享信息的时空渠道。在大学生群体内部，通常也会形成对比，比如，谁能够更快速地掌握第一手信息资料并分享给大家，谁能够更快速地搜索大家所关注的社会热点或时事信息等，这满足了大学生时时刻刻使用多媒体的需求。

第三，热衷于在网络媒体平台进行互动、交流。多媒体本身就具有交互性的特点，信息发布者或传播者可以在网络媒体平台与受众进行交流、互动，能够满足大学生群体在倾诉、表达等方面的需求。他们既可以成为信息的发布者、传播者，也可以是信息的接收者、获得者。他们可以通过多媒体随时随地去接触网络媒介信息，并展示自己。

二、多媒体环境对大学生网络思想政治教育产生的影响

信息技术的更新换代使得信息的载体也发生了巨大变化，多媒体日益占据了人们的生活。"截至 2017 年 6 月，我国网民规模达到 7.51 亿，其中手机网民规模达 7.24 亿，占比高达 96.3%。"而多媒体更是成为当代大学生群体的"宠儿"，每个大学生几乎都无时无刻不在抱着手机、平板等移动终端设备，这对大学生网络思想政治教育工作产生了巨大的影响。

（一）多媒体环境对大学生网络思想政治教育的积极影响

多媒体所特有的互动性、即时性、工具性等特征为大学生网络思想政治教育工作新平台的构建带来了便利。多媒体是集数字化技术、网络技术、移动终端设备等于一体的媒介平台，在开展大学生网络思想政治教育时，教师可以通过这一平台对大学生的思想、行为等加以影响。在网络时代，人人都可以通过互联网平台进行互动、交流，人人都可以成为网络信息的传播者和接收者，所以，大学生网络思想政治教育工作者要重视构建与学生互动、交流的网络社区或网络平台。只有这样，才能及时了解大学生的思想动态，并给予其及时的教育和引导。比如，现在各个高校一般都建有易班网络平台、高校网络论坛等，为大学生群体之间以及师生之间的互动、交流提供了很好的网络空间。

在当前无线网络日益发达的情况下，多媒体成为大学生了解外部世界的窗口，同时也给网络思想政治教育带来了便利。多媒体能够突破时空限制且融入了大学生的日常生活、学习中，那么网络思想政治教育亦能突破时空限制，

让多媒体成为大学生网络思想政治教育的新载体。此外，我们还需要认识到多媒体本身是一种媒介传播工具，所以在进行大学生网络思想政治教育的过程中，要不断开发多媒体的媒介功能，通过多种渠道和方式来开展网络思想政治教育。

（二）多媒体环境对大学生网络思想政治教育的消极影响

多媒体虚拟化、超时空、大众化等特征给大学生网络思想政治教育工作带来了消极的影响。多媒体属于网络媒介，其虚拟性的特点隐藏了很多不为人知的秘密，容易导致网络道德危机，甚至违法犯罪行为。这使得大学生网络思想政治教育面临着极大的挑战，教师必须时刻高度关注大学生的网络思想动态。多媒体的超时空性使得大学生能够自由选择使用网络的时间和地点，在这方面他们拥有绝对的自主选择权，也正因为如此，我们很难了解大学生真实的日常思想、行为动态。同时，由于越来越多的大学生喜欢宅在寝室里，并通过多媒体来做自己想做的事情，如通过网络点餐、网购、学习、看新闻等，这就极大地减少了他们与人面对面交流的机会和时间，这对大学生的身心健康发展极其不利。

在多媒体环境下，人人都可能成为媒体内容的制造者和传播者，这种大众化的特点获得了众多大学生的青睐，所以几乎每个大学生都会参与到高校相关的网络社交媒体中，并能够踊跃地参与媒体平台的互动与交流，这就增加了网络思想政治教育的难度，高校很难做到对每个学生个体进行有针对性的网络思想政治教育。在多媒体环境下，每天都有包罗万象的信息内容，这些内容纷繁复杂、真假难辨，这就给正处于青春期的大学生带来了极大的困惑，同时也削弱了高校网络思想政治教育的权威性。

三、多媒体环境下创新大学生网络思想政治教育的策略分析

习近平同志在党的十九大报告中指出，"要加强互联网内容建设，建立网络综合治理体系，营造清朗的网络空间"。尤其是在当前多媒体环境下，更需要为大学生营造一个清朗的网络空间。对于当今的大学生群体来说，他们从出生就开始面对互联网，对于网络技术、数字媒体等毫无陌生感，而且适应性极强，他们的这些特点正迎合了当前多媒体环境下高校网络思想政治教育不断创新的内在要求。所以，大学生网络思想政治教育需要不断适应当前社会信息技术高速发展的情况。在当前的多媒体环境下，大学生网络思想政治教育需要结合多媒体本身的特点以及大学生运用多媒体时表现出来的特点，尽可能地避免多媒

体环境给网络思想政治教育带来的消极影响。

（一）用新时代中国特色社会主义思想来指导高校网络思政教育工作的开展

新时代中国特色社会主义思想作为以习近平同志为核心的新一代中央领导集体的重大理论创新成果，是当前及今后指导我国各项工作的重要思想。在多媒体环境下，大学生网络思想政治教育的创新也必须以新时代中国特色社会主义思想为指导，把这一新思想全面贯彻到高校网络思政工作中。具体而言，就是要坚持社会主义核心价值体系在高校网络空间的绝对话语权和主导权，要让大学生每次运用多媒体的时候，都能感受到互联网对于核心价值体系的宣传广度、深度、力度是非常大的。

实现在多媒体环境下大学生网络思政教育的创新，离不开新时代中国特色社会主义思想的指导。用新时代中国特色社会主义思想占领高校网络阵地，能够确保高校网络文化发展的社会主义方向，为大学生提供一个健康向上的网络文化环境。这就需要在大学生群体中，通过多媒体来大力传播社会主义核心价值观，鼓励或激励大学生去积极培育和践行社会主义核心价值观。比如，可以专门建立一个"中华优秀传统文化问答"的网络有奖互动平台，让更多的大学生了解我国的优秀传统文化，积极主动地培育和践行社会主义核心价值观，从而建立文化自信；或者可以将核心价值观的内容作为一个链接与其他主流网站的链接融合起来，学生只要点击相关的网站链接，有关核心价值观的内容就会率先被打开，之后才跳转到原本的网站。

（二）建立高校网络媒体平台管理的多媒体领袖机制和应急机制

高校需要不断创新和完善校园内部的网络平台，吸引更多的大学生参与到其所在高校网络平台的交流与互动中。通常高校为了让学生能够全面认识学校，都会建立一个专门的网络媒体平台，统一管理学校的信息发布工作，同时为了能够及时了解学生的思想和行为动态，避免网络群体性事件的发生，高校需要培养有威望的多媒体发言人，建立"多媒体领袖"机制。多媒体领袖的职责就是及时关注学生群体近期特别关注的问题和事件，并且能够在第一时间反映问题并保证信息的真实性，不给虚假信息以可乘之机。这里的多媒体领袖从根本上来讲，就是大学生网络思想政治教育的主要工作者。所以，高校网络平台的多媒体领袖还需要适时地传播正确的价值观，营造积极健康的网络舆论环境。

高校除了需要建立多媒体领袖机制外，还需要建立相应的应急机制。多媒体所特有的开放性、虚拟化的特点，使得一些鱼龙混杂的信息在多媒体平台肆意流传，一些不良信息不可避免地会被学生看到，这就给大学生的心理健康造成了一定的影响，也给大学生网络思想政治教育带来了极大挑战。所以，高校需要建立网络多媒体应急机制，对于校园内部的网络媒体进行严格把关，及时清除不良信息，并对多媒体平台进行严格监控。此外，还需要针对多媒体突发事件制定出切实可行的应急方案，使高校工作人员具备应对多媒体突发事件的应变能力和把控能力。

（三）培养具备多媒体素养的网络思想政治教育工作者队伍

高校的网络思想政治教育工作任务繁重，也对思政教育的工作队伍提出了更高的要求：不仅要具备专业化的思政教育素养，而且必须具备网络多媒体素养。在当前的多媒体环境下，他们需要熟悉网络多媒体的发展特征，熟练运用相关专业技术。此外，由于多媒体具有一定的时代性，所以网络思政教育需要与时俱进，这就需要高校建立常态化的网络思政教育工作队伍培养机制，实现多媒体环境下大学生网络思政教育的可持续性发展。

在对网络思政教育工作队伍开展系统培训时，需要做到以下几点。第一，更新思想理念。大学生的"三观"状况直接受到高校思政工作者的政治素养状况的影响，所以必须提升他们的政治素养。第二，提升多媒体信息技术水平。多媒体的更新换代速度很快，必须紧跟时代发展步伐，不断提升他们的多媒体信息技术水平，通过多媒体实现对大学生的网络思政教育。第三，培训、沟通能力。网络思政教育主要是做人的工作，离不开与学生之间的沟通和交流。教育工作者要实现有目的的沟通，就需要掌握一定的技巧，所以需要对他们的沟通能力和网络人际交往能力进行培养。第四，培养综合素质。如今网络思政工作呈现出多元化、专业化的发展趋势，这就要求学生必须全方位地提升自己的素质，提高自身的人际交往能力、创新能力、网络技术能力等。

（四）加强大学生网络道德教育，提升他们的媒介素养

大学生的网络道德状况直接决定着高校网络空间环境的情况，所以高校有必要加强对大学生的网络道德教育，让他们自觉抵制多媒体环境带来的消极影响。一方面，需要着重培养学生的网络媒体是非观，对此，高校可以出台相应的大学生网络行为规范，或者通过宣讲来提升他们对媒体信息的鉴别力；另一方面，要求学生能够将网络道德知识真正运用到实践中，自觉遵守相应的网络道德规范，远离网络语言暴力。

多媒体环境下大学生网络思政教育的创新离不开对大学生媒介素养的提

升。当前网络多媒体上传播的信息多种多样，对于善于接受新鲜事物却又缺乏一定辨别能力的大学生来讲，他们容易受到不良信息的影响，这对大学生的成长是极其不利的。所以，高校需要着重提升大学生的媒介素养，有针对性地提升大学生对媒介本身的认识。一方面，由于部分大学生对媒介具有超强的认同感和依赖性，通常对媒介信息是选择全盘接受，不具备一定的辨别和批判能力，这就需要让学生认识到媒介本身和媒介信息二者之间的不同，让他们看到媒体信息是良莠不齐的，让他们带着质疑的眼光来看待多媒体；另一方面，还应该让学生意识到媒体信息所携带的不同价值观念，让他们有意识地去辨别和抵制错误价值观，自觉接受和宣传社会主义核心价值观。

第六章　多媒体时代高校思政教育模式

第一节　多媒体时代对高校思政教育工作模式的冲击

习近平总书记在网络信息安全工作座谈会上指出："要本着对社会负责、对人民负责的态度，依法加强网络空间治理，为广大网民特别是广大青少年营造一个风清气正的网络空间。"习近平总书记的讲话精神对多媒体在高校思政教育领域的应用指明了方向，各高校也都在积极利用多媒体开展思想政治教育工作，并取得了一定成效。多媒体凭借其信息传播快和交互性强的优势，对大学生产生极强的吸引力，这不仅为高校思政教育工作带来了发展机遇，同时也对高校思政教育工作模式造成了一定的冲击和影响。因此，探索有效的应对措施，实现多媒体与高校思政教育工作的有机融合，具有重要的理论意义和实践价值。

一、多媒体给高校思政教育工作模式带来的冲击

（一）对高校思政教育工作者话语权的冲击

多媒体对当代社会人们生产与生活方式的影响是空前的，它促使社会整体发生了具有划时代意义的变化，这在一定程度上使思想政治教育话语权趋于式微。

首先，在多媒体时代，高校思政教育工作者的权威日渐消解，主要表现为对大学生信息传递的控制力下降。例如，大学生可以通过微信、微博等多媒体认识世界，对教师思想政治教育内容的依赖程度逐步降低，而这必然会对思想政治教育工作者的权威带来极大挑战。

其次，高校思政教育工作者的思想观念也受到一定程度的影响。近年来，西方国家利用信息和技术优势，通过多媒体向我国输入资产阶级的价值观，我

国部分思想政治教育工作者受到了这种负面文化的影响，动摇了社会主义信念，降低了对教育事业的忠诚度。

（二）对高校大学生的负面影响

当前，多媒体已经充分融入大学生的日常生活中，不仅为大学生获取资讯、加强人际沟通、丰富学习资料等方面带来了便利，同时也不可避免地对高校大学生产生了一定的负面影响。

首先，大学生作为高校思政教育的客体，正处于良好思想道德建构的关键时期。但是，多媒体信息真假难辨，有些内容还具有较强的煽动性和欺骗性，这导致部分大学生是非观念模糊、道德行为失范。

其次，多媒体容易诱发高校大学生的身心障碍。多媒体的迅速发展和普及从本质上改变了大学生的社交方式，文字和表情符号的使用使大学生的人际关系变得疏远，且极易诱发社交恐惧症。此外，多媒体环境下的虚拟身份和隐身功能会助长大学生的不负责任的行为，使其与现实社会割裂，诱发身心疾病。

（三）对高校思政教育课程的影响

多媒体的出现和迅速发展使信息传播突破了时空限制，信息更新十分迅速。在该背景下，传统的思想政治教育必将落后于时代发展的要求，如传统教学方法单调、教学内容陈旧、教育主客体之间缺少交流和互动等缺陷逐渐显现出来，这极大地影响了思想政治教育的效率和效果。

目前，高校思政教育课程内容落后于时代发展的要求，课程设置仍未彻底摆脱传统理念的束缚，注重理论和思想的传输，轻视学生思想道德的内化和实践，且由于课程内容与学生实际生活联系不紧密，难以起到有效的思想政治教育作用。例如，由于高校思政教育内容对传统优秀文化和社会主义核心价值观继承和弘扬力度不足，因此西方国家利用自身文化和价值观解构东方文明，在一定程度上误导了当代大学生。

（四）对高校思政教育工作方式的干扰

随着多媒体的社会影响力的不断提升，其不再是一种信息传输工具，而是逐渐构建起一种信息化环境，给传统媒体的舆论控制权威带来了极大挑战。在这一背景下，高校思政教育领域的传统工作方式也受到了前所未有的挑战。

首先，多媒体的发展和普及对高校思政教育过程带来了严重冲击。在传统教育模式下，教育环境处于封闭和可控状态，教育主体掌控着思想政治教育的进程。在多媒体环境下，教育环境的开放性特征日益明显，且大量相互矛盾的价值观念充斥在大学生周围，对思想教育过程产生了严重干扰。

其次，在多媒体环境下，大学生获取信息的渠道得到极大拓展，这一方面有助于提升他们的自主意识和认知能力，同时也在一定程度上解构了教师的主导地位和绝对权威，有助于师生平等关系在教学过程中的建立。在该背景下，传统的说教式和填鸭式的教学方式已经不能满足教学需要，只有进行教学方法的创新，才能实现思想政治教育的核心目标。

二、多媒体环境下高校思政教育的应对举措

（一）创新思想政治教育理念

理念是指表面现象在人脑中留下的形象，是改革得以顺利进行的先导和基础。面对多媒体的强势冲击，高校思政教育工作者必须转变传统以教师为中心的观念，改变单纯的说教式和灌输式的教育模式，科学掌握教育者主导地位的新内涵，最大限度地发挥自身的教育引导作用。具体而言，一是要坚持信息共享理念，疏堵结合，促进思想政治教育信息的传播，促进思想政治教育者话语权的创新和发展；二是在思想政治教育中，教育者要放弃传统的话语中心地位，坚持平等交流的理念，通过构建平等的新型师生关系，降低大学生对思想政治教育的抵触心理，从而在潜移默化中实现对学生的思想政治教育。

（二）创新思想政治教育内容

在多媒体时代，大学生对传统思想政治教育内容愈加感到厌倦和不适应，为此，广大思想政治教育工作者必须根据时代要求和学生的生活实际对教育内容进行创新。首先，要实现思想教育理论话语和网络内容的融合。思想政治教育不可能独立于学生的日常生活之外，更不可能被传统的、纯粹的理论话语形式所禁锢，思想政治教育工作者应积极关注内容新颖、主题鲜明的多媒体话语形式，实现思想政治教育在内容层面的创新。其次，要实现教学内容和生活的融合。多媒体强调内容的生活化，多媒体平台上的许多文章往往是基于生活实例进行理论阐述的，比教学语言更具说服力和感染力。因此，思想政治教育应通过教学语言与日常语言的融合创新，实现教学内容的创新，增强思想政治教育的影响力和感染力。

（三）创新思想政治教育载体

在大学生对思想政治教育课堂教学话语构建逐渐厌倦的背景下，进行思想

政治教育载体创新显得极为重要和迫切。首先，要利用学生喜闻乐见的教育载体，如微信、微博等多媒体进行思想政治教育载体建设，将传统的理论说教转换为丰富多彩的信息交流，充分发挥多媒体在思想政治教育过程中的作用。其次，在重视多媒体教育载体建设的同时，仍要重视传统思想政治教育方式的重要价值，使线上、线下思想政治教育实现有效对接、有机结合，从而形成强大的教育合力。

（四）提升思想政治教育队伍的素养

提高教师队伍的素养是应对多媒体对思想政治教育的冲击，以及提高思想政治教育效果的基础和保障。首先，要加强思想政治教育者对多媒体知识的学习，使其掌握多媒体的基本知识和应用方法，能熟练运用多媒体开展思想政治教育工作。其次，要强化思想政治教育工作者对多媒体的理解，培养其对多媒体信息的获取意识、识别意识、判断意识和沟通交流意识，使其能积极主动地利用多媒体开展思想政治教育活动。

多媒体的发展和普及不仅为高校思政教育工作带来了机遇，同时也使其面临着前所未有的冲击和挑战。因此，高校思政教育工作者要以辩证的思维，从积极和消极两方面来审视和分析多媒体对思想政治教育工作产生的影响，并积极改进工作方法，促进高校思政教育工作的理论和实践创新，从而提高校思想政治教育的实效性。

第二节　多媒体时代高校思政教育"慕课"教学模式

如何发挥慕课在高校思想政治理论课教育教学中的作用，充分利用好多媒体优势，克服其负面效应，已成为当今高校思想政治理论课中的一项重要的崭新课题和艰巨任务。本节从"慕课"的开放性、多样性、灵活性、互动性四个方面来探索多媒体时代高校思政教育"慕课"教学模式的重要意义，以期增强高校思想政治理论课教育的实效性。

慕课大规模、开放、共享、免费等特点为高校思想政治理论课教育教学提供了新载体、新平台，丰富了高校思想政治理论课教育的方式方法。高校思政教育者能够通过慕课这一平台在更广的范围内对学生进行教育，打破思想政治教育资源的地域界限、时空界限，在实际的教学中使之走得更加长远。

一、"慕课"的开放性推动了思想政治理论课教学资源的互联共享

首先，随着"慕课"的发展，越来越多的高校加入其中，清华大学、北京大学、香港大学等高校也加入"慕课"建设中，并将"慕课"与课堂教学结合起来，将学习资源上传至互联网，通过对资源的上传实现优质教学资源的共享。不同高校、不同教师对思想政治理论课教学方式以及教学内容的理解有所不同，通过"慕课"的学习，学习者可以在传统思想政治理论课学习的基础上，对"慕课"中不同的教学资源进行学习，从而更深入地理解知识。"慕课"的开放性推动了思想政治理论课优质教学资源的共享进程，优质的教学资源可通过"慕课"进行传播，学习者可以在"慕课"平台上学习并提出问题。其次，"慕课"的开放性体现在它是没有地理区域的限制的，"慕课"不仅应用于国内的高校，也可应用于国外的各个高校，因此，能更大程度地提高高校思想政治理论课优质教学资源的共享性，能够实现资源的交互性与共享性，思想政治理论课教学要结合"慕课"，实现教学资源的共享，实现教学资源的最优质化。

二、"慕课"的多样性促进了思想政治理论课教学方法的改革创新

"慕课"与传统的教学模式相比，更具有多样性，尤其是在学习内容和学习方式上，多样性促使学习者对学习内容更加感兴趣，并且能够全程参与到教学过程中，"慕课"的多样性促进了思想政治理论课教学方法的完善，"慕课"的多样性促使学习内容更具有吸引力，"慕课"的多样性弥补了传统的教学方式的不足。高校思想政治理论课教学围绕教科书的内容展开，对理论内容进行分块学习，并且仅仅局限于本校教师的教学，局限在本校教师对其内容的理解方式上。而"慕课"在学习内容上具有多样性，"慕课"汇集了诸多名校教师，他们对学习内容会有不同层面的解读，对不同的知识点会采取不同的教学方式，学习深度也会因此而加深，从而促进了传统思想政治理论课教学方法的完善。"慕课"的多样性不仅表现在学习内容的多样性上，还表现在学习方式的多样性上。传统的思想政治理论课的学习方式比较单一，局限于课堂上，与传统的思想政治理论课相比，"慕课"更加突出学习者的主体作用，网上的同一知识可以供不同的人学习，"慕课"针对学生的学习兴趣分为不同的学习版块，每一内容由不同高校的教师来讲解，不同的教师有不同的授课方式。这使得学生在学习的过程中能够更加主动，教师不再仅仅局限于传统的思想理论课教育的教学方法。思政教学由传统的单向教学转变为启发式教学，教师与学生的角色发生了转换，教师与学生、学生与学生之间实现了真正的平等。

三、"慕课"的灵活性突破了思想政治理论课教学的时空限制

"慕课"就是大规模开放的网络课程，与传统的高校思想政治理论课相比，它的学习时间和空间更灵活，传统的思想政治理论课是有固定的学习时间和学习地点的，而"慕课"利用互联网的多样性使课程具有了灵活多变的特点，课程不再受时间的限制，学习者随时随地都可以登录网站进行学习。因此，我们说"慕课"的灵活性提升了思想政治理论课教学时间的多样性。

"慕课"的灵活性不仅提升了高校思想政治理论课教学时间的多样性，也增加了不能走进校园里进行思想政治理论课学习的人群的学习时间的多样性。这部分人群可以通过"慕课"进行学习，他们的学习不再受时间、地点的限制，只要是在自己想要学习的时间他们就可以登录网站进行学习，由此也保障了社会教育的公平性。同样，由于教学时间的限制，一门思想政治理论课程可能要分阶段进行，如果结合"慕课"来进行，那么，学生便可以随时进行学习，同时也可以减轻教师的教学压力，使其将更多的时间放在与学生的互动与交流上，实现"慕课"与思想政治理论课教学的完美结合，提高教学质量。

四、"慕课"的互动性完善了思想政治理论课师生的沟通机制

"慕课"的互动不仅仅指学生与教师之间的互动，还包括学生与学生之间的互动、教师与教师之间的互动。在"慕课"平台上，更多的是学生自主学习，学生与教师之间的关系更加平等，学生在观看微视频之后，可以在平台上与教师进行讨论与交流，这调动了学生学习的积极性。在高校思想政治理论课堂教学中，由于存在时间限制和课堂人数多的限制，学生的有些问题可能不能得到及时的解答，或者有些同学不敢、也没有兴趣对教师提问题，这种情况下是很难改善学生的学习效果的，通过"慕课"，学生的问题会得到及时解答，学生可以与不同高校的教师进行互动与沟通，还可以与其他学生进行交流与互动，而不再是单向地获取知识，这有利于完善思想政治理论课师生互动机制。

第三节　多媒体时代高校思政教育议程设置的聚疏模式

多媒体较之传统媒体更易于被当代大学生所接受，如何在把握多媒体内在的规律、及时了解多媒体环境下大学生思想动态的基础上，构建一种有效的思想政治教育新机制，对于新时期提高思想政治教育实效性具有非常重要的意义。

本节借用传媒界的议程设置理论，结合多媒体的特征对大学生思政教育进行了探索。

一、议程设置

议程设置是 1972 年美国传播学者马尔科姆·麦肯姆斯和唐纳德·肖提出的大众传播媒介影响社会的重要方式。该理论认为，大众传播可以通过安排相关的议题，来有效地左右人们关注哪些事实、意见以及他们谈论的先后顺序。通俗地说，议程设置的本质就是大众传媒报道什么，公众便关注什么；通过议程设置，使"媒体议程"成为"公众议程"，即通过大众媒体将相关话题摆到公众面前，引起其关注和探讨。

议程设置具有以下几个方面的特性。一是目的性。任何一个国家和政党都是利用自己手中所掌握的媒体围绕国家意志进行舆论宣传与引导，从而达到预期的目的的。二是选择性。不同国家、不同信仰的媒体都会按照自己的"需求"来选择议题的内容。三是周期性。议程设置既是一个从话题引出到形成事件、探讨深入，经过导入、发酵、高潮、平静几个阶段逐步建构的动态过程，又是一个从认知、态度到行动的过程。

二、议程设置对提高多媒体环境下大学生思政教育实效性的意义

大学生身心尚未完全成熟，他们阅历浅、探索欲和可塑性极强，多媒体信息方式的多样化、价值的多元化及内容的繁杂化，给大学生思想引领工作带来了新的难题，也使大学生思政教育面临前所未有的挑战。大学生思政教育者面对多媒体环境下各种相互冲突的观念、信息，既不能听之任之，也不能回避，而应主动应对。议程设置则是多媒体环境下提高大学生思政教育实效性的有效途径。其作用如下。

（一）通过议程设置，提高信息的可控性

多媒体信息传播的"无屏蔽性"，导致一些不良信息进入了大学生的视野，而一些有益的信息却被其忽视。大学生思政教育者在把握学生性格特点的基础上，应通过议程设置，熟悉、把握和利用好多媒体发展的内在规律，对信息的选择、加工、传播进行严格把关，合理控制议题的报道数量，及时掌握大学生的关注点，提升学生对议题的有效接触度，提高信息的可控性。

（二）通过议程设置，发挥思想政治教育的主动引导功能

与传统舆论宣传一样，多媒体环境下的思政教育也存在着话语权之争。大学生思政教育者可通过议程设置理论，在多媒体信息平台上设置热点议题，主动占领思想阵地的制高点，牢牢把握思政教育的主导权。

（三）通过议程设置，提高思想政治教育的实效性

大学生是一个特殊的群体，他们既关注国家发展及社会问题，自身又面临着学习、就业、情感等压力，但其抗压能力又不强，易产生各种困惑。通过议程设置，针对大学生关注的热点问题和思想困惑进行有目的、有计划的信息传播和议题讨论，主动关心学生并对其进行及时疏导，为他们排忧解难、释疑解惑，从而提高思想政治教育的实效性。

总之，多媒体环境下高校思政教育议程设置的意义就在于对多媒体中出现的问题进行筛选，通过优化环境引导学生对多媒体中的信息进行有选择性的关注，从而达到解疑释惑、熏染教化的目的，以确保思想政治教育的科学性、有效性。

三、多媒体视域下大学生思政教育议程设置的模式建构

多媒体视域下大学生思政教育议程设置必须把握两点，一是必须把握多媒体平台自身开放、互动、平等的内在规律；二是必须把握高校思政教育生本、开放、平等、主导的新特征。只有这样才能使思想政治教育更具科学性、针对性和实效性。

议程设置对高校思政教育的作用主要体现在"讲什么"和"怎么讲"两个方面，即"聚"与"疏"的问题。"聚"即话题的选择，要求做到既有时代特色又体现理论高度，既结合现实又结合教学，这就必须把握几个原则：一是"弘扬主旋律，以我为主"的主导性原则；二是所选案例具有现实的代表性原则；三是面对学生实际的贴近性原则；四是能使学生产生共鸣的趣味性原则；五是能够起到举一反三作用的有效性原则。与此同时，还必须进行评估分析，看话题案例能否达到预期效果。"疏"即沟通的方式与平台。多媒体的沟通方式必须更加突出"生本"理念，即在强调教师主导性作用的同时，更加强调学生的主体性作用以及师生间的双向互动。议程设置的"聚"与"疏"是一个相互关联的演化过程，因此必须遵循"话题的选择——有效引导——时间周期控制——达到预期效果"这样的规律。

一言以蔽之，我们应根据多媒体的技术平台和发展规律，构建高校大学生思政教育议程设置聚疏模式。

（一）搭建高校内部大学生思政教育网络平台

即第一阶段。一方面学校要建设好融知识性、思想性、服务性、趣味性于一体的主题教育网站，由教师牵头组织建立学校官方微博、微信以及专门的网络论坛等平台，充分发挥多媒体信息传播的正效应，主动控制话语权，树立主流文化的权威性。教师应根据高校思政教育课程安排设置相关版块内容，实现教学资源的共享。另一方面，以班为单位建立QQ群、微信群，以便于师生间交流、互动，从而增强凝聚力。

（二）选择合适的话题，形成初步议程

即第二阶段。思想政治教育肩负着宣传马克思主义理论、维护其在大学生中的主流意识形态的地位、培养大学生运用相关理论理性分析社会发展过程中遇到的各种问题的重任。这就要求教师严格把握思想政治教育议程设置的几个原则，及时掌握网络舆情，对多媒体和现实社会以及校园中的热点问题进行正确解读和分析评判，选取与学生个人未来发展相关的问题，或能引起学生关注和思考的大众媒介关注的社会热点问题来设置议题。

（三）议程导入

即第三阶段。整合各方信息并把初步选择的话题以学生喜闻乐见的形式发布到平台上，吸引学生的注意力并引导学生积极发表自己的观点。在各种意见的发酵期，应充分发挥学生的主体作用和教师的主导作用。教师要掌控整个议程的进程，准确把握教育时机，在学生对某一话题最关注且议论最多、最需要有人对话题进行答疑解惑时，积极、充分地参与到讨论中来，把握好方向，达到引导的目的。这个阶段既要做好多媒体信息的严格把关工作，又要充分发挥多媒体意见领袖的作用，即在保证信息真实性的基础上，组织优秀思政课教师、辅导员或知名学者在多媒体中发表深刻、系统的见解，以增强信息的权威性和信誉度，把握多媒体的舆论导向。

（四）课堂探讨

即第四阶段。教师根据论坛交流情况，先将不同的观点展示出来，然后让不同的学生进行陈述，并组织学生进行课堂互动，在此基础上引导学生进行归纳、整理，形成教学成果。

（五）进行反馈

即最后一个阶段。将学生探讨后的结果返回至内部网络平台，供学生浏览，并进行进一步的交流。

从整个过程看，要达到传道、授业、解惑的教学目的，议程设置就必须包括聚的过程（即从舆情分析、初步议程设置到内部平台讨论）与疏的过程（即从课堂探讨到引导、成果总结）两个阶段。

作为一种新的教学模式，聚疏模式无疑会给高校带来许多挑战。这就要求高校既要充分重视对多媒体使用者的媒介素养教育，培养学生独立思考的能力、对媒体的负面信息进行分析和评判的能力，同时在每一个议程结束时还要及时做好总结，对于好的经验要及时进行分享，对于存在的问题要及时发现并提出有效的完善措施。

第四节　多媒体视域下高校大学生党建和思想政治教育模式

随着多媒体的不断发展，高校大学生党建和思想政治教育模式随之发生改变，传统党建工作与思想政治教育模式不能迎合新时代的发展需求，亟须与网络多媒体进行有机融合，拉近与高校大学生之间的距离，更好地开展思想政治教育工作。在多媒体视域下，高校大学生的交流方式大多以微信、QQ、微博等社交平台为主，高校的党建工作与思想政治教育要重视多媒体这一新阵地。高校要重视并合理利用多媒体，正确引导高校大学生的思想行为，提高高校大学生党建和思想政治教育的实效性。

一、多媒体视域下高校大学生党建和思想政治教育面临的机遇与挑战

（一）多媒体视域下高校大学生党建和思想政治教育面临的机遇

首先，多媒体的传播渠道更为广泛，大学生及学生党员可以利用高校官方微信公众号、高校官方微博、高校贴吧以及班级 QQ 群等各种社交平台随时随地接受党组织或者教师的思想政治教育，不受时间与地点所限，这为思想政治教育的开展提供了极大便利。

其次，在党建和思想政治教育过程中，要充分利用多媒体的多元化形式，如图文、动画、音频以及视频等活跃氛围，激发高校大学生的兴趣，提高"红色教育"的亲和力。

最后，在多媒体视域下，高校大学生的主体地位被充分重视，学生可以自主选择是否接纳信息，针对信息进行自我解读，这改变了传统灌输式的思想政治教育模式，拉近了师生之间的距离，有助于提高学生党员自我认识、自我教育的积极性。

（二）多媒体视域下高校大学生党建和思想政治教育面临的挑战

首先，多媒体传播途径多、传播空间广，高校大学生可通过智能手机、平板以及电脑等设备获取信息与资源。在这种不受空间与时间所限制的条件下，如果思想政治教育内容不够先进、新颖，将很难吸引大学生的注意力，难以提高党建和思想政治教育的实效性。

其次，在多媒体视域下每个人都可以上传信息，成为思想引领者，而这种开放与自由恰恰增加了舆论引导工作的难度，导致党建和思想政治教育难以发挥权威性。

最后，在多媒体视域下，社会对高校党组织与思想政治教育工作者提出了更高的要求，他们需要熟练掌握多媒体技术，提高政治素养，及时关注网络的热点问题或者敏感问题，针对这些问题提出独到的见解与解决措施，激发大学生的参与热情。

二、多媒体视域下高校大学生党建和思想政治教育模式构建策略

（一）拓宽党建和思想政治教育的思路

在多媒体视域下，高校党组织与思想政治教育工作者应该与时俱进、转变思路，充分利用多媒体对高校大学生进行线上与线下的思想引导，使网络教育与现实教育有机结合起来，从而提高党建和思想政治教育的实效性。

（二）拓宽党建和思想政治教育的渠道

首先，高校应该建立官方网站，内设党团教育版块、社会实践版块、学生事务版块、社团活动版块、心理咨询版块以及就业创业版块等，任命优秀学生党员或优秀党内积极分子分别作为各个版块的管理员，使党员和积极分子能够充分发挥榜样带头作用，提高网络党建和思想政治教育的实效性。

其次，高校可以利用多媒体建立网上党校，将马克思主义理论课与思想政治教育课以微课或者网络教学等形式呈现出来，合理融入图文、动画、音频以及视频等教学辅助资源，从而提高教育内容的趣味性，增强教育内容的吸引力。

此外，还可以通过多媒体开展网络活动，激发大学生的参与热情，这有利于党建和思想政治教育的发展与进步。

最后，党组织与思想政治教育工作者要充分利用微信、QQ、微博等社交平台，拉进教师与学生之间的距离，掌握学生的日常生活动态以及思想变化情况等，对学生思想、行为进行有针对性的引导，提高党建和思想政治教育的质量与水平。

（三）创新党建和思想政治教育的内容

党组织和思想政治教育工作者要把握网络动态，利用关注度高的热点新闻或话题对学生进行正确引导，使高校大学生能够充分理解我党的决策，提高学生对中华民族的责任意识。同时，通过学校官网发布校内的热点新闻、文艺活动以及科研活动信息，通过网络投票、互动等形式提高学生的关注度与参与度，充分利用榜样的力量并引导学生形成正确的思想观念。

总而言之，高校大学生党建和思想政治教育要符合时代发展的特征，在多媒体视域下，高校党组织与思想政治教育者要充分利用多媒体的优势，做好学生线上与线下的思想引领工作，运用多元化的手段，提高学生的积极性，激发学生的参与热情，推动高校大学生党建和思想政治教育的开展。

第七章　多媒体时代高校思政教育理论课

第一节　多媒体时代高校思想政治理论课变革及新要求

一、多媒体时代高校思政教育的特征及变革

在人类数千年浩瀚的文明长河中，尽管作为第一代媒体的纸质媒介、第二代媒体的音频媒介和第三代媒体的视频媒介，都曾以自身独有的传播特性，通过有效的信息传播手段，对社会大众产生过强烈的观念暗示、情绪感染和行为引领。但毫无疑问，当代以网络信息技术为平台、以移动通信技术为载体的新媒体的出现，开启了人类思想文化相互碰撞、相互交融、相互借鉴、相互影响的又一个媒介新时代。尤其是对今天身处信息接收群体前端的高校学生而言，新媒介时代疆界变化背景下多元文化的八面来风、技术变革背景下媒介文化的浪花飞瀑、社会变动背景下流行文化的潮起潮落、主体变迁背景下校园文化的云卷云舒，都于无声处走惊雷，不仅长驱直至大学生的日常学习生活，在很大程度上吸引和掌控了他们的眼球和手指；更悄然改变着他们的思维方式、精神状态甚至人生选择。换言之，新媒介时代的纷繁表象影响着学生的生活世界，而其背后蕴含和传播的文化与思想，则影响和熏陶着学生的精神世界。

与传统媒介相比，以网络媒介为表征的多媒体，呈现出了以下三个方面的特征。

一是媒介作为社会思想文化传播重要载体的迅捷化。与其他媒介相比，网络媒介进一步凸显了媒介所营造出的"拟态环境"功能。媒介信息内容在更完善、更广泛、更快捷地映照真实世界影像的同时，还拟现出人类更多基于主观想象、个体认识和提供多维个性解读的影像，媒介在社会思想文化中的传播作用得到

了加强。另外，手机等移动、便携媒介的存在，使人们可以自由地参与信息交流与互动，也增加和扩展了参与社会文化组建的主体的数量和范围。由此，媒介功能的无比强大、社会文化中媒介元素的增加、媒介生活的广泛性等，导致任何个体在有媒介存在的任何时间、任何地点，都可以就任何信息进行任何社会文化的构建与流转，开启了所谓的自媒体时代。

二是公共思想文化结构和参与的多元化。在媒介的帮助下，社会公共思想文化的结构越来越多元化。公共思想文化通过电脑、手机终端，连接着无数人。无数人运用文字、声音、图像、影像符号，将生活片段、生命感受，深或浅、静态或动态、即时或延时地上传至公共网络平台并等待回应，同时为社会思想文化添加新内容、新形式。社会公共文化由此消弭了过去公共与私人、社会与个体、正史与野史、精英与草根等的界限，改变了人类社会文化原来那种表面、笼统而僵硬的面貌，构建出纷繁立体、深入鲜活的关乎生命存在状态的记录与表现方式。

三是公众参与和选择思想文化内容的个性化。2006 年，美国著名的《时代》杂志，曾出人意料地将"你"评为该年的年度人物。普通网民与风云人物一样，正在成为改变这个世界的主体。有关研究预测，未来传播领域超过 70% 的事实信息的提供者将不再是专业的传媒机构和传媒人，而是在线发表独立见解、发布各种文字与影像的"你"。信息传播媒介的便携与简易的特点，使得个体在当前社会公共思想文化构建过程中的作用得以加强，个体的文化参与、价值选择和思想表达、主体建构的作用得到凸显。个体的声音从来没有像现在这样得到呈现并获得呼应过，由此也进　步强化了个体参与、选择、表达和建设的权利，社会文化建构中的个性特色成分加大、面貌突出。社情民意的模仿式表达、自我心灵的感染式观照、现实生活的戏谑式写真，已成为当下参与新媒介的主要方式。

毋庸置疑，我们不能无视或忽略新媒介的这些文化特征与多媒体时代高校思政教育之间的关联。新媒介在高校中无处不在，媒介生活与青年学生学习与生活须臾不分离，这必然影响到多媒体时代高校思政教育既有格局的构建面貌，影响到我们对现实中传统教育模式、组织模式和文化模式的重新审视与反思，影响到我们德育工作的有效性、针对性和时代性。从这个角度看，多媒体引发的学生思想接受方式、观念表达方式、价值选择方式和行为呈现方式的急剧变化，应当使我们着力探究多媒体时代高校思政教育在下述三个方面的创新与变革。

（一）从管束到激励的模式再造

新媒体打造的最有效的传播模式，就是传播主体通过对受众多种需求的针对性满足，激励和调动受众的持续关注与积极参与，形成稳定的、固有的"用户黏性"，推动学生成长发展。满足学生成才需求也同样是当今高校学生思想政治教育的本质任务，借鉴新媒体有效传播的现实形式，参考组织行为学中的各种激励模式。

这一模式应含有需求、目标、努力、绩效、能力、认知、环境、奖酬和满足几个变量。笔者认为：唤起需求是动机激励的起点；满足需求是动机激励的目的；动机的差异性决定了需求满足的针对性；刺激的强度和公平性维系着动机的水平和状态。这一模式强调从关注学生的需求入手，以学生认同的目标引力为动力，以学生可以清晰认知的满意结果为目标，以相应的环境压力为保障，通过对学生努力过程、能力过程和自我认知过程的综合激励，利用竞争性奖酬和精神性奖励两个杠杆，对学生的绩效给予有针对性的、不同方式的评价与认定，从而使其在获得满足感、实现个人目标的同时，获得下一个努力的动机。由此构成的高校学生思想政治教育的激励模式，就成为一个既关心学生、帮助学生，又引导学生、鞭策学生，体现育人为本的新型管理模式。

这一模式在现实中的理念指向集中体现为面对今天分众化、同质化、个性化，追求真实性、实用性的学生兴趣点，我们要提升思想政治教育理念的利益相关性。

马克思指出："人们奋斗所取得的一切，都和他们的利益相关。"从这个角度说，利益是激发人们动机的起点，也是满足人们需求的目的。它同样也是今天大多数学生行为的内在驱力。问题的关键不在于学生是否关注利益，而在于在国家长远利益与学生现实利益之间，在集体重大利益与个体实际利益之间，在推动社会和谐发展与尊重自我个性发展之间，这些学生密切关注和关心的利益内容上，我们能否关注他们的内在需求、情感取向和兴趣趋势，用平实质朴的语言把深邃的理论讲清楚，让理论学科走进学生的心灵。

需要强调的是，尽管思想政治教育，从其本质上说，是对人正确的世界观、人生观、价值观的教育与精神世界的建构。但同样无疑的是，生活世界是人们的第一世界。个体真正精神世界的建构与超越，绝非来自外在的强迫与压力，而是来自内在的认同与觉醒。在帮助学生建构精神世界的过程中，应让正确的思想理论立足、关照并引导学生的生活世界，而不是脱离、空泛、僵化地凌驾于他们的生活世界之上，成为被学生束之高阁的彼岸悬壶，是使其具有受众亲和力的关键。因此，在日常的思想政治教育过程中，我们应多一些真情实感，少一些虚假套话；多一些推心置腹，换位思考，少一些强制管束，自我中心；在彰显大气辉宏时多些平民风格，在推崇先进典型时少些众口一词；习惯在尊重差异中增强社会认同，在包容多样中增进思想共识。

（二）从班级到团队的组织重构

高校学生组织既是高校学生事务管理的基本载体，也是高校开展思想政治教育的基本单元。然而，我们需要关注和研究的是在今天社会急剧变革的大背景下，特别是在新媒体强烈而无形的感染作用和网络虚拟形态下，作为人们进行交往互动的环境与框架的组织，其构成要素、既有边界、内涵特质、组成形态等，正随着环境的变化而发生深刻的变化。而今，传统组织的边缘化、新兴组织的网络化、同质组织的多样化，都是展现在人们眼前的客观现实，高校学生组织自然也不例外。

显而易见的是，随着以学生社区、学生社团和学生团队等为代表的新的组织单元的迅速发展，尤其是随着以"人人网""微博"等为标志的网络虚拟组织的爆发式增长，以及随着这种变化而更加凸显的"同喻文化"和朋辈交往，以班级为基本管理单元的大学生组织，尽管表面上看并未发生结构上的改变，但受外部环境、自身功能、学生特点、管理实践等因素的变化影响，在教育的有效性、组织的凝聚力、学生的归属感等方面，都与昨日不可同语。从某种程度上说，它被削弱的仅成为识别学生身份的一个符号。正因为如此，基于团队组织特征有利于学生身心需求的有效满足，团队内在机制有利于组织凝聚功能的有效发挥，团队价值取向有利于教育价值导向的有效渗透，由班级到团队的组织重构，也已成为今天高校学生思想政治教育要实现变革和创新的重要土壤。

这一重构在现实中的实际运用主要表现为面对多样化、多元化、平权化，追求创新性、自主性的学生共振点，我们要提升思想政治教育组织的团队交互性。

这里所指的学生组织重构，就是通过学生日常或假期参与的各类教学或社会实践活动，将扁平化、项目型的组织结构逐步建构为学生组织的基本模式。对现有各类学生组织的特征要素，按团队应有要素进行分析和重塑，从而将团队的优点转化为学生组织的优势，将常规的组织管理方式变革为创新的团队管理方式。以团队组织的整体发展观代替传统组织的个体竞争观；以团队组织的系统思考观代替传统组织的机械服从观；以团队组织的终身学习观代替传统组织的经验制胜观；以团队组织的变革创新观代替传统组织的规避风险观；进而通过整合重构组织要素，提高组织适应性，建立起有生命力的机体，即愿景共同、利益共享、分权决策、自主管理、结构扁平、组成灵活、内外开放、以任务为导向的学生"团队型组织"。

尤其需要指出的是，当如今学生日常生活的大部分时间被网络媒介所占据时，当更多的社会视频载体、繁杂的个体微博在受众之间进行着海量的信息传输与分享时，当多媒体高校思想政治理论课的课堂教学面临着课时紧张与内容庞大之间的固有矛盾时，如何借助新媒介并按照学生的信息接收习惯，构筑起具有吸引力、能够传输正能量和"用户黏性"较强的网络型学生团队，更是当下多媒体时代高校思政教育应探讨的重点。

在学生团队组织的建构过程中，我们应把握好与之相关的"四步建构法"。一是把握学生特点，整合个体特征，使个体特征与团队角色相匹配。二是把握结构设计，突出灵活特征，灵活采取矩阵结构或项目型结构，重塑现有各类学生组织。三是把握发展愿景，细化团队特征。要注重愿景人性化、阶段化、差异化的内涵，着力塑造学生"自己的团队""喜爱的团队"和"成功的团队"的形象。四是把握标杆管理，体现激励特征。要树立团队的外部和内部两个标杆，通过相互激励，使学生团队具有持续活力。无疑，从班级到团队的组织重构，必将使学生在团队中获得持续的活力；从班级到团队的组织重构，必将使学生在团队中获得成长，在成长中创造价值。

（三）从疏离到互动的文化整合

从宏观角度来讲，大学文化是国家的一张文化名片；从微观角度来讲，大学文化是高校的一个社会代码。作为一所大学的全体师生在长期教育教学过程中逐步形成并共同遵守的最高目标、价值标准、基本理念、行为规范、管理方式的总和，大学文化是体现着一所大学独有的生存方式和发展方式的无形资产，它和其他组织文化最显著的区别就在于其特有的教育性、传承性和扩展性。纵观中外大学历史，真正对大学文化与人文精神的延伸具有拓展和传承作用的，不是它的大楼与规模，而是蕴含在校园草木间的故事文本和环境景观。它既可以是正儿八经的校史，也可以是五彩缤纷的传说；既可以是一个人物，也可以是一栋老屋，甚至一颗古树。但凡著名的大学，总有各种荡气回肠的故事文本流传下来。

现实中，我们的大学校园在主流文化的建构与传输上，的确并不缺少文化活动，也试图创造自己的流行文化。但学生"被参加"的感觉和由此产生的隔膜感，还在于我们的文化传播与学生真实的内在需求，存在判断上、感受上、设计上的诸多不适应，在校园各种文化要素传播的组织整合、内容凝聚、方式创新、情境感染上，需要通过系统的顶层设计加以整合，以改变当下学生在新媒体更为强劲的感召和吸引下对主流文化的疏离。国外视频公开课为我们提供了很好的研究样本。

在科技化、人本化、事件化的今天，亲和性和情节性已成为学生的关注点，因此，我们要提升思想政治教育文化设计的新颖性。

二、多媒体对高校思政教育提出了新要求

（一）找准着力点，拓宽多媒体时代高校思政教育创新思维

黑格尔曾说过，当思维与现实发生冲突的时候有毛病的总是思维这一方。当前多媒体时代高校思政教育的特征对思维方式提出了新的要求，这将直接影响到思想政治教育工作的实效。新媒体环境下高校思政教育出现了新特点、新情况，思想政治教育工作者需要拓宽思维，找准逻辑起点。

思维最大的敌人是习惯性思维。创新思维需要先从思维定式说起。思维定式是由先前的活动而造成的一种对活动的特殊的心理准备状态，或活动的倾向性。实际上就是按照积累的思维活动经验和已有的思维规律，在反复使用中所形成的比较稳定的、定型化了的思维路线、方式、程序和模式。在环境不变的条件下，思维定式能帮助人们运用已掌握的方法迅速解决问题；而在情境发生变化时，则成为人采用新手段、新方法的绊脚石。长期以来，我国赋予了思想政治教育的显性意识形态教育的任务，认为多媒体时代高校思政教育是科学认识问题而非价值认识问题，其教育内容呈现出很强的政治性、阶级性和鲜明的国家意识形态性。这是一种概念思维，它具有抽象性和稳定性特征，相应地，在方法上，占主导地位的是灌输教育方式，它把教育的重点放在理论、原则的传授上，缺乏生成性，也就不能形成真正的素质教育。环境的变化，尤其是新媒体背景下，这种习惯性的思维方式强调我们想教什么，而忽视研究受教育者的特点、需要等，未能把思想政治教育对象的主体性和客体性较好地统一起来，因而教育效果并不明显。

多媒体时代高校思政教育不仅要传导社会主义核心价值观、世界观、人生观、价值观和道德观，更主要的是使学生认同、接受并付诸实践。显然，多媒体环境下，来自各方的文化冲击着学生的价值观，多媒体时代高校思政教育必须正视和直面问题与矛盾，在实践中增强理论的说服力。如何才能增强理论的说服力呢？人的感情将会是一个突破口。列宁指出："没有人的感情，就从来

没有也不可能有人对于真理的追求。""人的情感能够将人与人、家与家、族与族交织在一起，使孤独者得到体恤，柔弱者得到关怀，贫寒者得到接济，危难者得到扶助。情感对于人类生命的繁衍，其力量远远大于知识。"为此，思想政治教育工作者需要转变思维，把思想政治教育对象的主体性与客体性较好地统一起来，在方法上动之以情、晓之以理，切实做到关注、关心、关爱学生的全面发展和健康成长。虽然多媒体时代高校思政教育所面临的环境十分复杂，但复杂的背景并不可怕，只要站在一定的高度，找准逻辑起点，就能化不利因素为有利因素，并将有利因素发挥到极致。当前，我们要深入调查研究，找准着力点，拓展思维，科学分析多媒体大学生的身心特点和发展规律，注重大学生的情感、兴趣和已有知识经验，积极创新思想政治教育载体、内容等，从而提升多媒体时代高校思政教育的吸引力。

（二）把握"三个导向"，做好多媒体高校思想政治教育工作

多媒体时代高校思政教育的主导思想是马克思列宁主义和中国特色社会主义理论体系。坚守传统思想政治教育中的课堂主阵地，认识和把握高校学生人才成长规律、高校教育发展规律和社会发展规律，寻求多媒体时代高校思政教育的动力源，运用新媒体弘扬时代主旋律，解决新问题，开辟新境界，需要注意以下几个方面。

1. 开放与引导理念导向

开放首先是指思想政治教育自身的开放性。思想政治教育必须随着多媒体的发展，不断整合各种有利资源，拓宽思想政治教育的渠道。虚拟性、自由性、主体性、多样性、开放性是这个时代的特征，教育主体（教育者）和教育客体（受教育者）共生于一个开放的世界中；教育主体从固定走向移动、从可控走向不可控；教育主体也从现实走向虚拟、由有限走向无限，从而使思想政治教育能够紧跟时代发展的脚步。其次是指教育对高校学生思想政治素养思维发展的开放性。实际上，高校学生的政治观、价值观、道德思维等都处于不断的发展变化之中，其个人的体验也随着环境与教育的变化而不断变化。因此多媒体时代高校思政教育要促进学生思维的发展，积极引导学生树立科学的世界观、人生观、价值观和道德观。

2. 平等与互动理念导向

在新媒体环境下，高校思政教育不仅是一个开放的系统，更是一个互动的系统。平等有利于教育者与被教育者之间的对话与交流，能激发受教育者参与及接受教育的积极性。不平等会使教育者与教育对象之间产生隔阂。单向的灌输则忽视了大学生的独立性和创造性，无法激发学生的兴趣和主观能动性。新媒体的平等性满足和迎合了大学生对于平等和尊重的需求，向思想政治教育的权威性和主导性提出了前所未有的挑战。平等互动理念将有利于创造和谐共生的生态环境，有利于师生共同探讨问题，也有利于尊重教育对象的主体性，使思想政治教育更具有亲和力。平等理念有利于开拓多媒体时代高校思政教育的主体性。多媒体使一个人同时拥有了实在主体和虚拟主体两种不同的身份，这两种身份在交往中实现了辩证统一。新媒体环境下的教育介体和教育主体为主客体提供了平等的交流机会，这就激活了主客体的主体性，充分开启了主客体的自主性、能动性和创造性。在大学生思想政治教育中，教师要尊重学生的主体地位，通过创设情景和激励引导等途径，唤起学生的主体意识，激发学生主体的自觉性、能动性和创造性以达到自我教育、自我锤炼、自我修养的效果，从而提高思想政治教育的实效性。

贯彻多媒体时代高校思政教育双方的平等理念，需要从关注思想政治教育的可接受性和关注思想政治教育对象的个性特征着手。在针对大学生的类本质进行整体教育的同时还必须针对大学生的个性进行具体教育、个体教育，通过培养大学生独立思考和主动参与的意识，提升其自我教育能力和道德认知、判断、反思能力，帮助他们由他律走向自律，促进大学生的全面发展。

3. 服务理念导向

自我意识的发展、自我同一性的确立、人生观和价值观的形成等是大学生的主要发展任务。在新媒体环境下，高等学校思想政治教育者要突出服务理念，使学生成为高等学校思想政治教育的权益主体，要以强化服务学生意识为目的，牢固树立"一切为了学生，为了学生的一切"的理念；要深入了解大学生思想政治状况，把握大学生的实际情况，帮助他们解决在学习、生活、交往、就业等方面遇到的问题，开展有针对性的工作，帮助他们树立科学的世界观、人生观和价值观，使大学生健康成长。

（1）彰显高等学校思想政治教育的教育性

要彰显高等学校思想政治教育的教育性，以服务学生的教育理念为导向，通过新媒体网络平台，充分了解服务对象，牢固树立服务意识，科学构建服务体系；要促进学生的发展，体现以学生为本的精神，全面提高服务水平，增强大学生思想政治教育的实效性，促使大学生成长成才。在新媒体环境下，大学生的心理问题逐渐增多，一些大学生漠视生命，这影响了大学生思想政治教育的实效性和教育性。

因此，要全面树立服务学生的教育理念，加强大学生的服务机制建设，建立健全思想政治教育的互动体系，及时反馈大学生信息，防止大学生心理问题的产生；要以热情的服务态度进行思想教育，解决大学生思想问题与实际困难，理解与关心大学生；要切实关心学生疾苦，多做得人心、暖人心和稳人心的教育工作，这样才能使思想政治工作取得成效，彰显高等学校思想政治教育的教育性。

（2）突出高等学校思想政治教育的针对性

在确立新媒体环境下的服务理念的同时，也要突出高等学校思想政治教育的针对性。大学生思想政治教育想要取得良好的效果，就必须贴近学生、服务学生，从大学生的思想、道德和心理的实际出发，通过面对面的交流和沟通，了解大学生的内心世界，有的放矢地进行大学生思想政治教育。而新媒体的产生和发展使高等学校开展思想政治教育的难度加大，大学生主动参与思想政治教育活动的热情减弱了，这在客观上增加了高等学校思想政治工作者了解和把握大学生思想情况的难度，进一步削弱了高等学校思想政治教育的针对性，无疑会影响到大学生思想政治教育的实效性。为此，高等学校思想政治教育工作者要以服务理念为导向，联系大学生的生活实际，了解大学生的思想和情感，利用文化载体、活动载体、管理载体，并采用双向互动式、自我教育式等多种生动有趣的教育方法，提升大学生思想政治教育的吸引力和感染力，增强高等学校思想政治教育的针对性和实效性。

第二节　多媒体时代高校思想政治理论课概述

在多媒体时代，互联网技术为各行各业和社会大众提供了多样化的服务，科学技术日新月异的发展引起了整个社会生产与生活方式的变化。在经济领域，它突出了知识、信息的价值，有利于广泛传递商贸信息，便于顾客与生产厂家之间的沟通，有利于厂家及时生产出满足顾客需要的产品；在政治领域，它被用来在政府与民众之间进行信息沟通，更好地实现了公民的民主权利，提高了政府的办事效率，提高了其科学管理及决策水平；在军事领域，它可以使军事指挥部门迅速地掌握敌情，加强全局的协调、控制和快速反应能力；在生活领域，它可以实现电子购物、虚拟旅游、交互式娱乐，电子广告、电子商场、电子医疗、电子游戏等也出现了爆炸性的增长。互联网的兴起和发展，对教育领域也产生了深远的影响。网络技术为教育架起的是一个无限开放的平台。在这个开放、共享、个性化的平台上，稀缺的教育资源将得到充分的利用，在任何时间、任何地点接受理想的教育将逐步变为现实。

对思想政治教育而言，互联网自身的特性能满足新时期思想政治工作的需要，有利于将封闭式的教育引向开放式的教育，将单向式的教育引向双向和多向式的教育。可以说，它对思想政治教育起到了极大的促进作用，为新时期思想政治教育带来了前所未有的机遇。互联网对思想政治教育带来的直接和间接的影响，对多媒体思想政治教育提出了新要求，对思想政治教育队伍建设也提出了更高的要求。

一、互联网对多媒体时代高校思政教育的影响

（一）对教育观念的影响

互联网对教育观念产生了深远的影响，引起了教育观念的转变。①开放观念。网络世界很精彩，人们足不出户就可知外面的世界，这有利于促进人们从封闭观念向开放观念转变。②自律观念。互联网上的内容丰富、生动，是人们喜闻乐见的，这能促进人们从他律观念向自律观念转变。③选择观念。互联网上的内容十分丰富，人们可以自主选择，而不是"你说我听"，这促进人们从教化观念向机制观念转变。④服务观念。网络提供了多种可供选择的信息资源，有利于提高受教育者的选择和判断能力，同时能促进思想政治教育者从统率观念向服务观念转变。

（二）对教育资源及其传播方式的影响

过去，按传统工业模式建立起来的"统一化"的教学模式，很难做到"因人施教""因材施教"。但是，在信息网络化的情况下，因信息资源的共享和信息选择的优化得以实现，教育就有了多项选择的特点，个性化的教育就真正成为可能。网络的开放性将一改教育只封闭在校园里的状态，它的多样化、互动式的传递结构也将打破电视的金字塔形的知识传递方式，逐步形成全方位的知识传授和能力培养的新体系。总之，互联网的应用，极大地丰富了教育资源，使教育更加精细化和个性化，使教育具有了开放性，使教育方式更多样化，将大大改变教育的面貌和提高教育的质量。

互联网使现代教育信息的传播方式发生了如下变化。①在传达上级对广大人民群众的教育要求时，可以不再用传达文件的方式进行层层传达，而是通

过报纸、广播、电视或互联网来将上级精神传达给群众，从而减少和避免了过去层层下达中易产生的信息失真和信息衰减现象。②教育信息多元化。比如，对国内发生的同一个重大事件，人们可以通过国内新闻媒体了解到一种看法，同时又可以通过互联网了解到世界新闻媒体的多种看法。教育信息的多元化与人们思想选择的自主性的结合，呼唤教育者要善于利用、探索新的思想引导方式。③在进行某种观念教育时，可以不再以教育者与教育对象面对面宣讲的方式进行，而是以受教育者对信息传播媒体所传递内容的自我学习的方式进行。这种形式的教育与在固定地点、固定时间进行的"你讲我听"式的教育不同，主要是一种自我教育。④在进行观点讨论时，人们可以在互联网上自由发表意见。这种方式增加了教育的看者或听者。在教育信息的传播方式发生上述变化之后，某些传统的思想教育方法显然已经过时，必须代之以现代化的思想教育方式。

（三）对教育方式的影响

随着互联网通信技术的发展，人们获得了一种全新的交流手段，教育也因而获得了前所未有的新资源和新途径，远程教育成为可能。理想中的远程教学系统是一种类似会议的系统，它的特点是打破了师生必须在同一个教室里面对面进行教学的局面，空间的局限不再存在，从前景上说，师生终有一天可以在全世界范围内在不同地点通过终端进行教与学的活动。这一新技术使教与学有了更大的灵活性——可以使学生自由地选择教师，可以使几个教师在不同地点协同上课，可以把多种信息资源同时带进课堂。远程学习的出现，克服了传统教育在时间、空间、受教育环境等方面的局限。今天，美国约有 400 万人在通过网络进修课程。在我国，从 1995 年中国教研网建立以来，我国现已建成的全国性远程教育网就有数十个，在线受教育人数有数十万。清华、北大、复旦、北邮、浙大等著名学府都开通了自己的远程教育网，在未来，学生无须进入大学校园就可进行学习，他们面对的将是一所虚拟大学。有了这一技术，当代人的教育空间将得到有力拓展，传统的教育方式将发生本质性的改变，教师引导、学生自主进行学习的崭新学习模式将得以形成。

（四）对教育模式的影响

不同信息手段决定着信息量的大小和传播模式，它极大地影响着教育的效果。在农业时代，没有现代化的传播设施，人群的流动性极小，教育也不可能突破这一现实的羁绊，人们关于世界的形象和知识必然是贫乏而单一的；在工业时代，人们接收信息的渠道得以拓宽，工业化为人们带来了群体化的传播工具，如教材、报纸、广播和电视等，不仅使人们获得信息的范围扩大，而且知识生产带有大规模批量化生产的特色，这是文化和教育领域里的"工业化"；到了多媒体时代，互联网和信息高速公路的出现，使文化和教育领域的"工业化"模式受到了挑战。网络技术得以广泛应用，信息高速公路向世界各个角落延伸，"选择"成为网络教育和学习的一个首要特色。网络化的方式使学校和个人可以获取来自世界各地的教育资源，全世界的教育资源都可以为某个班或某个人服务，教育内容更加精细化和多元化。

二、多媒体环境中的高校思想政治理论课的变化和特征

（一）多媒体环境中的高校思想政治理论课的变化

网络技术的迅速发展，使多媒体时代高校思政教育出现了一些新变化，主要表现在以下几方面。

第一，教育主客体关系发生了变化。在传统的思想政治教育中，主体往往处于主导、领导、权威者的地位，主体的主体性往往强于客体的主体性，客体的主体性则往往难以发挥和体现。因此，在主客体关系上，教育者与被教育者之间是主动与被动的关系，他们之间的交流主要是面对面的交流，客体往往没有更多的选择空间。在网络技术迅速发展的条件下，思想政治教育在主客体关系上则更多地强调主体客体化、客体主体化，也就是说，任何个体只要登录网络，就可以成为思想政治教育的主体，发挥其主体性作用，发表符合社会需求和发展的见解和观点，起到引导网民行为的作用；也可以成为网络上思想政治教育的客体，发挥其主体性，主动寻求自己需要的知识和信息，接受有关观点和理论。因此，网络平台上的思想政治教育主客体强调的是瞬时的交互性，他们之间通过人机对话，来达到交流、沟通之目的，其主客体的关系是一种平等的关系。

第二，客体的特性发生了变化。传统思想政治教育的客体（对象）具有一定的确定性，主要指学生群体，如某一年级、某一班的学生或某一特殊的群体对象，而且学校对客体的综合素质有一个大致的了解，如姓名、年龄、性别、文化程度、心理水平、认知结构。而网络平台上的思想政治教育的客体具有不确定性，如在网上实施思想政治教育活动时，客体的姓名、年龄、性别等都具有不确定性，客体之间在年龄、文化水平、需求程度上都存在较大的差异性，因此，这种客体的不确定性对网络思想政治教育提出了更高的要求，也增加了它的难度。

　　第三，教育环境发生了变化。传统思想政治教育的环境主要包括宏观的社会环境、中观的学校环境、微观的班级环境和家庭环境，这些环境在一定程度上具有现实性，可以通过人的感官感知，又通过感官而受到影响。网络思想政治教育的环境具有一定的虚拟性，虽然也能通过人的感官感知，但具有一定的模糊性，网络信息传播的快捷性给网民获取信息带来了极大的便利，但网络的开放性和匿名性、网络信息内容的复杂性却增加了通过网络进行思想政治教育的难度。因此，网络具有不易被控制的特征。

　　第四，教育的手段、方式发生了变化。与传统的思想政治教育手段相比，网络思想政治教育手段具有更强的吸引力，教育客体（可称为"受众"，下同）通过互联网可以获取大量信息，可以与外界自由地进行思想交流，这激发了受众的求知欲和想象力，调动了其主动性、自主性与参与性。与传统的思想政治教育方式相比，网络思想政治教育具有更快的传递速度和更广阔的传播范围。网络使网民不必按传统方式在规定的时间到规定的场所接受教育，他们可以在任何一个设有终端的计算机上获取自己所需要的知识，迅速了解国内外发生的政治、经济、社会等方面的信息，且交互式远程教育为网络思想政治教育提供了更多的传播途径，使原先相对狭小的教育空间变成了全社会的、开放性的教育空间。与传统思想政治教育方法相比，基于网络平台的思想政治教育具有更高的工作效率。信息网络技术的运用，大大提高了思想政治教育信息的传播效率，多媒体技术使受众犹如身临其境，他们通过多种感官感知学习的效果明显优于通过单一感官感知学习的效果。

　　总之，多媒体技术和网络技术为思想政治教育工作者改变传统思想政治教育单调的内容及形式提供了便利，因此，我们要充分利用这些信息技术，全面地、精心地筛选思想政治教育信息，并进行精心设计与制作，使其集声音、文字、图像、数据等于一体，使思想政治教育内容具有集成性、同步性、交互性和形象性的特点，改变传统思想政治教育单一枯燥、"书本＋黑板"的说教模式，真正实现教育内容与教育形式的完美结合，实现教育的艺术化。这样既坚持了理论灌输的原则，又增强了思想政治教育的可信度和亲和力，使思想政治教育内容更丰富、更生动。

（二）多媒体环境中的高校思政教育的特征

　　多媒体环境中的高校思政教育的特征主要表现在以下几方面。

1. 教育主体方面

在传统思想政治教育中，教育主体是与受教育者矛盾对立的特定的教育者，他们是思想权威，其主要职责是对学生进行思想理论灌输。在网络思想政治教育中，网络思想政治教育主体是网络传播中的"把关人"，他们制造、传播、监控网络信息，兼具信息传播者和思想政治教育者的身份，他们掌握高新技术，具有广博的知识以及良好的品质，但不一定是思想权威。网络中的教育主体不具有特定的身份，甚至可以不被称为"教育者"，他们具有非主体性的特点，不进行"说服"，而是提供"选择"权和"引导"服务。网络中的教育主体不仅相互之间地位平等，不具有上级和下级的层级性，而且与受众的地位也是平等的，因而他们更具有人情味，更具有亲和力，也更具有魅力。

2. 教育客体方面

网络思想政治教育以网络社会中的"网络人"为主要对象，具体而言他们就是广大网民，即教育对象具有明显的群众性特点。教育客体所涉及的面很广，存在于社会生活的各个领域，主要分布在学校和企业这两大思想政治教育的主要阵地，以青年学生和职工为主体，这是一支正日益壮大起来的队伍。他们具有共同的特点：年轻，追求新知识，有理想，积极上进，反传统，重时尚，思想开放，个性鲜明，行为独立，富有创造力。他们是一群充满好奇心和怀疑精神的人。同传统的受教育者相比，其独特之处在于：其一，他们在教育活动中不是被动地接收信息，而是主动寻找信息、选择信息；其二，他们在教育活动中，发挥教育的主体性作用，喜欢交流信息、发布信息，常常通过操纵信息的行为影响其他网民，网络思想教育客体总想说服他人却不易被说服，从某种意义上讲，他们是"业余的"或"兼职的"教育者。

3. 教育内容方面

在互联网中，思想政治教育的内容具有如下特点：其一，多媒体技术使教育内容和形态从平面化走向立体化，从静态变为动态，从现实时空转向超时空；其二，网络的超信息量和信息的固有本质，使教育内容变得丰富而全面，并且具有客观性和可选择性；其三，具有极高的文化与科技含量，有的教育内容的政治性本质隐含在历史文化知识和现代科技信息之中，因而，社会主义主旋律、集体主义价值观、爱国主义的主题这些政治性内容，可以通过声、色、光、画等多媒体技术手段来演绎，从而化抽象为具体，化枯燥为有趣，化不解为理解；其四，互联网也不可避免会有过滤不了的负面教育信息。

4. 教育目标方面

网络思想政治教育目标的特点在于它的服务性，突出表现在以下几个方面。其一，通过在网上实施科学有效的思想政治教育，用马列主义、邓小平理论武装头脑，宣传党的路线、方针、政策，充分调动人们建设中国特色社会主义事业的积极性和创造性；其二，帮助广大网民正确认识国际、国内形势，坚定其走中国特色社会主义道路的信心和决心；其三，对广大网民进行社会主义、共产主义教育，努力提高人们的思想道德素质，推进中国特色社会主义现代化建设的步伐；其四，"用户第一"始终是互联网媒体的运作准则，网络条件下的思想政治教育改变了以往以我为主的陈旧的思想方式，一切以需求为转移，因为如果没有用户，再好的网络思想政治教育都是空中楼阁。

5. 教育方法方面

网络思想政治教育的主要方式如下：其一，不使用传统的灌输方法，因为在网络中不可能对网民进行面对面的、强制性的信息灌输；其二，借助多媒体手段向网民提供信息，并引导网民选择正确的思想信息；其三，实现传统思想教育方法的现代化转变，在互联网中，为思想政治教育所使用的哲学的、心理学的、社会学的方法穿上现代科技的外衣。

6. 教育环境方面

网络思想政治教育的工作环境具有社会性和虚拟性两个特点。其一，社会性。思想政治教育本身就是一个社会性的系统工程，网络思想政治教育与传统的思想政治教育一样，也会受到诸多社会环境因素的制约，既受国际国内的政治气候、社会思潮、社会风尚、舆论导向等"大气候"因素的制约，又受工作单位、工作驻地、特定群体等"小气候"因素；既有与社会发展相一致的积极影响，又有与社会发展不尽一致的影响，甚至是完全相反的破坏性影响。其二，虚拟性。网络思想政治教育的工作环境还具有不同于传统思想政治教育工作环境的虚拟性特点。

三、网络技术的迅速发展对新时期我国思想政治理论课提出了挑战

（一）对社会道德观念和价值观念带来的挑战

从社会层面而言，网络技术的迅速发展使东西方两种社会道德观念和文化观念的冲突变得更为尖锐和直接。众所周知，信息内容具有地域性，具有鲜明

阶级性的道德观和价值观作为信息的组成部分，同样是有地域性的，而网络的信息传播方式则是全球性、超地域性的。这一方面引发了一些社会伦理问题，另一方面也使东西方价值观和文化观念的冲突变得更为明显。通过网络，西方国家的道德观念和价值观念对其他国家和民族产生了重大的影响。西方国家以网络传播媒介作为对发展中国家进行渗透、进攻和控制的手段和工具，宣传他们的政治主张、人生观、价值观等，甚至公开宣传资产阶级的民主、自由、人权等思想，或采取比较隐蔽的方法，即通过大量的影视娱乐文化作品来宣传其价值观。一些人把西方社会的生活方式、交往方式、道德观、价值观当作自己的生活追求，久而久之，便会由感性的欣赏变为内在的理性追求。在这些传媒信息的影响之下，一些人的人生观、价值观、道德观产生了扭曲，他们把拜金主义、享乐主义、个人主义作为自己的人生追求的目标，有的人甚至崇拜西方的意识形态和社会制度，成为"西化"的俘虏。这种渗透策略造成了其他国家、民族文化的混乱，使其传统文化、道德准则和价值观念受到了强烈冲击。

从个体层面而言，互联网对个体道德观念产生了负面的影响。

第一，对个体道德观念的负面影响。互联网是由无数独立的小网络互联而成的，是"网络的网络"，没有哪片网络统治哪片网络，也没有哪片网络是主要的。这样，互联网成了一个没有中心的网络世界。在网络中，一些人除了注重对终极目标的追求外，不想对任何事情负责。这就为道德相对主义提供了最好的土壤和借口。网络的开放性决定了任何人都不可能统治这个网络，更不可能占有它。任何人在网上都有发言权，因此容易导致权利滥用。

第二，对个体道德规范的负面影响。网络在道德规范方面的负面作用主要表现在两个方面。其一，对传统的道德规范形成了冲击，使其约束力减弱：网络社会是人类为自己开发的另一个生存空间，在这个崭新的信息世界中，还没有系统的法律规范，而且网上的道德规范不是强制性的，是否遵守这些道德规范，完全取决于网络使用者的内心信念和责任感。而网络的虚拟特点使网上道德规范不易被察觉和监督，因此网上道德规范约束力不强。这种情况对人们在现实生活中的道德生活也是有影响的，人们会不知不觉地在现实生活中放松对自己的道德要求，因而网络对传统的道德规范也产生了一定的冲击。其二，使道德规范的导向功能弱化。马克思主义伦理学强调道德规范对人的约束作用，同时也强调道德规范所表现出来的价值导向功能，道德规范作为一种行为准则，在约束人们行为的同时也指导着人们的行为。道德规范的约束性和导向性是统一的，在网络社会中，随着道德规范的约束力的下降，它对道德生活的导向作用也会下降。有的人不愿按照道德规范的要求去做"应当做"的事情，只想自由地支配自己的行为。

第三，对个体道德行为的负面影响。在道德行为方面，网络所带来的消极影响表现为在网络中出现了大量失范行为。网络立法滞后和自身安全性差的弱点，也给网络犯罪带来了便利。比如，一些"黑客"会非法潜入网络进行破坏。又如，一些人会利用网络的便利性和强大功能，窃取个人信息，这使得个人隐私权将受到极大的侵害。网络犯罪是一种高科技犯罪，具有危害面广、影响大、损失重及隐蔽性强等特点，这给网络安全防范工作带来了巨大的困难，同时也引起了社会的普遍关注。

第四，引起道德冷漠现象。这种现象产生的根源在于人与人之间的关系被人与网络的关系所取代。在高度信息化、自动化的"网络社会"中，随着在家办公、网上学校、电子商场、电子银行等的出现，人与人之间面对面交流的机会减少，这有可能导致人与人之间的关系变得疏远，使个人产生紧张、冷漠心理及其他心理问题。其具体表现是，一些人沉溺于"网络社会"而不能自拔，以至于对现实社会漠不关心。在网络空间中，人们是以"符号"身份、在"不在场"的情况下进行交往的，他感受不到对方作为一个活生生的人的反应，往往会做出一些无礼的行为。

（二）对传统思想政治教育模式带来的挑战

网络对思想政治教育带来的挑战主要表现在以下两个方面。

第一，互联网的出现使教育者把教育信息的控制权完全交给了学生，这对受教育者的"筛选能力"和"鉴别能力"是一个严峻的考验，因此，它对于培养学生的辨别、判断、选择能力，对培养学生的网络道德提出了新的要求。在传统的思想政治教育中，教育信息的主动权控制在教育者手中，教什么内容、采取什么方式完全由教育者来决定。由于传授教育信息的主动权控制在教育者手中，因此思想政治教育的内容和信息在目的性上明确，在性质上有健康的保证。作为受教育者，较少有选择教育信息的机会，他们所接受的信息都是教育者筛选、加工过的东西。而在网络时代，情况发生了变化。网络无"国界"，网络上的信息是自由的，在网络上没有金字塔尖，信息资源的共享使"选择"成为网络教育和学习的一个首要特点。网络上的信息虽然丰富，但却良莠不齐，受教育者选择信息的结果在很大程度上与自身的世界观、觉悟水平和"鉴赏能力"关系密切。网络信息的复杂性常常使涉世不深的学生变得茫然，不可避免地吸收一些不健康的内容，受到一些不良信息的影响。互联网是不同制度背景下各种集团相互攻击的一条不可多得的渠道，这对于是非辨别能力尚不够强的未成年或青年学生造成的危害更大。目前已经有人利用互联网散布虚假信息、制造谣言，随着互联网技术的不断进步，这种相互进攻的行为会日益增多。我国公安部关于互联网的法规文件已经出台，这可谓是一条无形的屏障，然而，较量才刚刚开始，今后的斗争还会愈演愈烈。因此有人开始担心，将思想政治教育信息的控制权完全交给学生，会不会导致思想政治教育陷入管理失控的状态。这对于思想政治教育的内容和效果等方面都是一个严峻的挑战。如何对受教育者加以引导，则是思想政治教育者和思想政治教育管理者面临的一个重要课题。由于年轻一代的受教育者更容易从网络上获取信息，而年长的教育者如不懂网络知识，便失去了掌握最新教育信息和教育手段的优势，这对教育者的教育权威带来了严峻的挑战。

第二，互联网的出现缩短了人们之间的时空距离，却拉大了人们之间的心灵距离。科技的发展和物质生活的日益丰富，并没有极大地改善人们之间的关系，孤独和抑郁却日益成为困扰人们的心理问题，而互联网的到来又无疑加剧了这种情况。互特网可以使学生迅速地通过键盘与网络上的其他"网友"取得联系，却容易造成大学生不善于与周围的其他伙伴交往的局面。这减少了人际交往的机会，如何避免和改变受教育者的这种状况，对于思想政治教育者来说是个不容回避的问题。

（三）受教育者自主意识的增强使传统思想政治教育陷入困境

在市场经济得到充分发展的今天，传统的思想政治教育的弱点便充分暴露出来。市场经济的一个突出特点是，在生产经营、市场交易中，人是自主决定自己的活动的，是按照市场法则平等地进行竞争的，是从自身利益需要出发追求利益最大化的。这一社会客观存在反映到思想政治教育上就表现为以下几点。①人们有了追求思想平等的强烈意识，不迷信权威，更不迷信那些思想教育者，认为人在政治上是平等的，在思想上也是平等的，作为一名成年人，自己能够独立思考问题。这与动辄要求教育者对群众进行思想政治教育的传统做法显然是对立的。②人们的主体意识大大增强。一是对思想政治教育内容以个人需要为取舍，只接受那些合乎个人需要的东西；二是遇到与自己的意见相左的思想政治教育内容时更多地坚持自己的观点，不轻易为教育者所左右；三是认为弄清事实、判断是非的信息到处都有，自己可以去选择，不一定去听那些教育者的意见。这种倾向不仅使那些以"打通"群众思想、统一于上级要求为己任的传统思想政治教育工作很难开展，而且使借助网络来开展的思想政治教育也受到了挑战。④人们有了很强的效益观念和时间观念，很介意占用自己的时间去参加思想政治教育活动是否值得，对那些自己认为效果差的思想政治教育活动十分反感。人们的这种观念常常使那些只注重教育形式、不太注重评价教育效益的传统思想政治教育活动处于困境中。

四、网络技术的迅速发展给新时期我国思想政治理论带来了机遇

互联网的负面影响在给思想政治教育带来严峻挑战的同时，它本身的积极因素也给思想政治教育带来了前所未有的机遇。

（一）网络资源共享的特点极大地丰富了思想政治教育信息资源

网络信息最显著的特点是信息的共有、共享，且具有内在的增值性和不因共享而减少的特性。这一特性使教育信息资源在广度和深度上都发生了深刻的变化。网络中的信息类型繁多，根据其与学术研究的相关性，可以将互联网中的资源分为八种类型。一是网络资源指南与搜索引擎。网络资源极为丰富，在地理上涵盖天南地北，在内容上更是包罗万象，因此必须依赖一些工具，才能有效地检索、浏览、传输和利用网络资源，其中最好的方法就是使用各种网络资源指南以及搜索引擎进行检索。二是图书馆网上公共目录。目前，在互联网上已有越来越多的图书馆将其公共查询目录挂接在网上供读者使用。诸如馆藏书目录查阅、预约借书、馆际互借等都可依此完成。国内的网上图书馆公共目录收录的基本上是单个图书馆的馆藏目录，而在国际上已有超越单个图书馆的网上公共目录可查询。三是快速查阅工具资料。当今，在互联网上已有越来越多的参考资料供用户使用，这有助于教育参考查询部门解答有关快速参考型的问题。四是网络数据库。现今已有许多数据库提供网络服务，网络上的数据资源都是需要付费才能使用的。我国的图书馆，尤其是高校图书馆，一直在不断地争取免费使用数据库的权利，以供教学、科研人员和学生或局域网中的用户使用。五是最新期刊目次。最新期刊目次能使科研人员了解到最新的目录信息，从而决定是否要进一步查阅期刊或文献。目前，许多图书馆在其主页上都提供最新期刊目录查询服务。六是电子报刊。为提高时效性、扩大传播范围，电子版报刊纷纷上网。这些电子报刊通常包括电子报纸、电子简讯和电子期刊。我国目前网上的电子报刊以电子报纸居多，一些大报如《光明日报》、《人民日报》和《中国日报》等均已上网，而网络版的学术期刊尚处于起步阶段，在整个世界范围内，网络期刊已逐渐成熟起来。在使用国外的电子期刊时，最好的办法是先查阅电子期刊一览表。七是网络论坛。在网络中，有成千上万不同主体的网络论坛。学习者们可以在网络论坛中共同探讨问题，或是彼此交流心得。

网络论坛内有丰富的信息，许多专业领域人员都需靠此得到最新消息。八是政府信息。政府信息对于学术研究来说也绝不是可有可无的，对人文学科如思想政治教育学科尤为重要：网络政府信息的多少，已被作为一个国家民主程度的表征之一。

网络带来的丰富的教育信息资源为思想政治教育的信息在广度和深度上发生重要变化提供了基础。虽然目前思想政治教育的信息尚不充足，但是它毕竟是对思想政治教育信息的一个拓展，给思想政治教育带来了机遇。

（二）网络传递信息方便、快捷的特性改善和丰富了思想政治教育手段，加快了思想政治教育现代化实现的进程

教育方式和内容的变化与信息处理和传递技术息息相关。信息传递的手段决定着信息传播量的多少和传播模式的类型，并深深地影响着教育的效果。在历史上，每次信息传递技术的重大突破，都会对教育产生巨大的影响。语言的创造，使人类获得了交流信息的手段；文字的发明，使人类信息可以长久保存；造纸和印刷术的发明，扩大了信息交流和传递的容量和范围；电话、电报、电视等通信技术的发明，大大加快了信息传输的速度，缩短了信息的时空距离；互联网和信息高速公路的出现，使文化和教育的信息传播更为方便、快捷，从根本上改变了人类加工信息的手段，增强了人类加工、利用信息的能力。这一变化给既有的教育观念、教育模式带来了一次新的革命，对教育的现代化将产生深远的影响。

新时期，社会更注重思想政治教育的效率和效益，这要求我们必须树立思想政治教育的效率和效益观念。思想政治教育效率和效益的提高，离不开思想政治教育信息传递效率的提高，互联网和信息高速公路的出现，使信息传递技术有了质的突破，这为实现思想政治教育现代化提供了物质技术保证，并且将对思想政治教育现代化的进程产生极大的促进作用。思想政治教育现代化包含着现代效率和效益的内容。计算网络资源共享的特性使思想政治教育的内容更丰富，其传播方便、快捷的特性有利于增强思想政治教育的时效性。思想政治教育是以科技为本的知识经济发展的内在要求。新科技革命加快了知识更新的速度，教书非用最先进的内容不可，这要求思想政治教育工作者必须利用新的科学技术来及时传播思想政治教育的内容。网络的"无国界性"使它的涉及面更加广泛，其资源共享的特性使它的内容更加丰富。网络的另一个重要特点就是它传播信息的迅速性。这是传统的电报、信函的传播速度所无法比拟的。以往邮寄一封信件需要三至五天的时间，而在网络上瞬间就可完成。这一特点使教育对象能够及时地了解思想政治教育的新内容，这有利于加强形势政策教育，提高新时期思想政治教育的时效性。互联网丰富了思想政治教育的教育手段，使思想政治教育的交流领域更为广阔，有利于实现思想政治教育从传统的"灌输式"教学到"参与式"教学的转变。传统的思想政治教育缺乏灵活多样的教育方式，这使得思想政治教育的内容变得十分枯燥，思想政治教育对象只是被动地接受知识，其兴趣不高，这影响了思想政治教育的效果。高校应利用网络进行思想政治教育，多媒体以其形象、生动的表现形式给人以亲切感、真实感，能消除受教育者心理上的阻力。再者，多媒体教学的人机交互性强，教学过程智能化，教学形式多样化，可实现由学员控制的个性化主动学习、结构发现式学习和多层次学习等。受教育者在网络上还可以通过检索思想政治教育的有关信息，对学习、工作和生活中的各种信息进行比较、鉴别，从而得出正确的结论；受教育者与教育者之间以及受教育者之间能够通过网络进行交流、探讨，能够集思广益，形成真知灼见。因此，这种"参与式"的教学过程更容易激发受教育者的兴趣。先进的现代教育技术手段，真实客观的内容以及声、光、彩、画等生动的形式，大大增强了多媒体信息的可接受性，使教育对象的接受能力大为提高，这是传统课堂无法做到的。

五、互联网技术迅速发展条件下加强和改进思想政治理论课的必要性

（一）网络技术迅速发展条件下加强和改进思想政治教育是适应社会发展的需要

新技术的迅速发展使社会正经历一场意义深远的变革。社会的网络化趋势加强，社会将由纵横连接的网络体系构成。国际互联网络是信息高速公路的开端，也是社会网络化的雏形。社会网络化将导致社会数字化时代的到来，也使信息传输模式发生了根本变革，各个层次的信息日益连通、共容，呈交叉网状。而工业经济向知识经济的转变，使知识成为要素分配中的重要组成部分。在知识经济时代，财富的积累、经济的增长、社会的进步、个人的发展都要以知识为基础，而知识的传播与获取离不开网络的支持，"数字化"是每个人都要面对的问题。

社会发展的方向就是思想政治教育的方向。思想政治教育的内容、形式必须随社会的变化而变化。这是由思想政治教育与社会之间的辩证关系所决定的，是不以人们的主观意志为转移的客观规律。由于传统的思想政治教育手段在很大程度上已不能适应社会发展、变化的需要，因此，必须从方法上进行相应的

变革，只有这样思想政治教育才能与社会各项工作紧密结合起来，贯穿、渗透到各项工作的全过程中。思想政治教育网络作为"信息高速公路"的有机组成部分，是思想政治教育同社会网络化相结合的需要，能够实现思想政治教育由"人力密集型向科技密集型"的转变，使思想政治教育实现资源共享，从而体现社会主义特有的政治优势。因此，加强和改进思想政治教育，使思想政治教育实现网络化正是符合社会发展要求的现代化科学方法。

（二）网络技术迅速发展条件下加强和改进思想政治教育是培养新型人才的必要渠道

培养新型人才的重要渠道有两个：一方面，通过技能应用教育把自然科学知识变为劳动者的知识与技能，使其有能力进行发明创造并将技术成果物化到生产工具和劳动对象上，创造出更大的生产力；另一方面，培养学生高尚的道德品质和敬业、廉洁、拼搏、奉献的精神，这些思想道德教育对劳动者潜能的发挥起着重要作用。互联网是高新技术的产物，当前许多青年人都借助互联网学习新知识和新技能。但它对不同的人所起的作用是不同的，有的人由于有崇高的理想和远大的抱负，因而能够充分利用现代技术为国家、为民族创造宏伟的基业；有的人缺乏正确的生活目标，甚至运用其所掌握的知识、技能来进行高科技犯罪。很显然，人的本领固然重要，而决定方向的灵魂更为重要。因此，努力提高人们的政治觉悟、理论修养，才能使人们成为真正的新时期所需要的新型人才。

（三）网络技术迅速发展条件下加强和改进思想政治教育是培养创新能力的重要保证

创新意识是在各种动力的驱动下产生的，其中最重要的就是"希望动力"。"希望动力"是指创造的欲望。我们必须通过加强思想政治教育，使全体人民树立起振兴中华的崇高理想，激发其对社会强烈的使命感和责任感，这样才能使劳动者提高开拓创新的能力，为民族的振兴贡献更大的力量。创新意识需要在良好的社会环境和文化氛围中得以增强。国家《知识创新工程》纲要中把加强精神文明建设、普及科学文化知识作为实现"一期工程"的主要措施。实施创新工程，必须加强科学普及工作，提高全民族的科学文化素质，提倡严谨、创新、民主、协作的优良学风。全民科学文化素质的提高以及优良学风的发扬，有赖于"提倡学术民主，鼓励首创精神，鼓励竞争合作，尊重知识、尊重人才"的新文化的建设，有赖于"双百"方针的进一步贯彻，以便于形成包括竞争、激励机制在内的一整套有利于人才培养和使用的机制，从而充分调动广大劳动者的积极性和创造性。

（四）网络技术迅速发展条件下加强和改进思想政治教育是培养新时期社会文化观念的有效手段

加强思想政治教育，也为培养与新时期相适应的社会文化观，如新的生产、消费、发展、公正等观念提供了重要手段。知识经济时代的基本观念是人、社会与自然的和谐发展。科学技术成果是人的创造能力的社会表现，可以运用到各种领域，是现代人类文化成果的重要组成部分。但是，科学技术成果是可以为不同的阶级和不同的目的服务的。因此，要想使科技成果为人类造福，为人民利益和社会进步服务，就必须提高科技人才的人文素质，要求科学技术的发明者和应用者具有对社会负责、对人民负责的高度社会责任感，否则，任何新技术、新发明、新创造带来的就不是社会生产力的发展、社会的进步。从这个意义上说，科学技术的进步和知识经济的发展，都离不开与之相适应的社会发展观念的培养，在根本上有赖于思想政治教育的进一步加强。在知识经济时代，我们需要树立新的社会公正观念，要提倡公平竞争、提倡诚实劳动、尊重客观事实、保护知识产权、尊重人才等。我们需要综合运用教育、法制、行政、舆论等手段，形成扶正祛邪、扬善惩恶的社会风气和环境氛围，进一步加强思想政治教育的效果。

（五）网络技术迅速发展条件下加强和改进思想政治教育是知识经济发展的内在要求

当今时代，任何重大的科学技术问题、经济问题、社会发展问题、环境问题等都无不具有高度民主的综合性质，它不仅要求自然科学、技术科学和社会科学等部门进行广泛合作，综合运用多学科的知识和方法，而且要求把自然科学、技术科学和人文社会科学整合为一个具有创造性的综合体。这要求为其培养、输送的人才必须具有较强的综合素质，他们不仅要具有应用自然科学知识的能力，而且必须具备较高的理论素质，具有选择能力、适应能力、自我调节能力以及创造能力等。这些能力同应用性技术能力相比，是"软件"，是非数据化的，是难以测量的，是难以通过程序化的学习来培养的，只有通过加强思想政治教育的渠道，才能使它们成为人们能力结构中的重要因素。从这个意义上说，加强思想政治教育是新时期以科技为本的知识经济发展的内在要求。

第三节　多媒体时代高校师生特质及其思想情况的现状

一、多媒体时代高校大学生的特质

新一代大学生绝大多数为独生子女，所以他们有着自己的心理特点，这对高校思政教育工作提出了新的挑战，所以要深入了解当代大学生的心理特点，并结合现阶段的教育现状，采取一些行之有效的思想政治教育方针策略。

（一）心理特点

1. 思想活跃、个性张扬、自主意识强，但辨别能力有限

一些大学生思想活跃，喜欢挑战自我，个性独立，表现出更多的自主性，追求非主流文化，喜爱火星文字，对新鲜事物表现出极大的兴趣和热情。当代大学生获取知识的途径有很多，他们更多的是通过网络、电视等媒体获取知识，在知识结构的复杂性和多样性等方面与以前的大学生有所不同，部分学生的知识面甚至比教师还要广。然而，在获取知识时，部分大学生沉迷于网络，受到了西方思想的侵袭，误入了歧途。

2. 依赖性较强，心理脆弱

对一些大学生来说，从他们出生时起父母就为其做了长远规划，其缺乏独立生活的能力。当他们经受挫折时容易产生自卑心理，经不起大风大浪的打击，容易走向极端。当前大学生的就业压力不断增加，如果不对他们进行及时疏导，他们就很容易产生不健康的心理。

3. 人生观、价值观有待树立，叛逆心理较强

笔者通过座谈发现，部分大学生没有树立起正确的人生观和价值观，功利主义思想比较严重，缺乏信仰，并且具有比较强烈的叛逆心理。受市场经济负面效应及西方拜金主义价值观的影响，部分大学生把个人利益放在首位，把义务和利益分开，以金钱作为衡量价值的标准。一些大学生在经济快速发展、改革开放不断深入的社会环境下，忽略了精神或者信仰层面的东西，更加关注个人利益。此外，部分大学生个性张扬，向往自由，不想受传统观念的束缚，表现出强烈的叛逆心理，对某些社会现象和问题十分不满。

（二）思想政治现状

1. 政治热情高，但思想认识较模糊

当代的大学生十分关心国家大事，对国家制定的各项改革措施高度关注，有着强烈的参与意识。但部分大学生缺乏对我国基本国情和民情的了解，不懂得改革开放的复杂性和艰巨性，对当前社会转型期过程中出现的各类问题缺乏清醒的认识和辩证的思考，对党内存在的腐败现象，经济体制改革、职工下岗等社会问题认识不清。

2. 自主意识强，但过分追求个性

当代大学生表现出强烈的自主意识，乐于接触和尝试新事物，喜欢展示自我，不喜欢说教式的教育方式。当代大学生大部分通过网络来获取信息，他们获取知识的渠道更广。获取信息量的增大，促进了学生创造力的提升，他们不愿被动地接受知识。但当代大学生自主意识的增强和个性的追求在一定程度上表现为以自我为中心，有些大学生集体意识淡薄，难以处理好人际关系。同时，个别学生过于追求个性，其思想和行为出现了较大的偏差。

3. 网络依赖性强，但心理承受能力差

随着网络的发展，当代大学生的视野更加开阔，接收信息的方式也更加多元化。他们喜欢阅读的比重相对"80后"来说明显偏少，然而，喜欢上网、看电影、打电子游戏的比重明显增加，而且有的在进大学前就已经沉迷网络了。现在的一些大学生在现实生活中表现得很安静，但在虚拟的网络中却非常活跃，对网络的过度依赖，造成了他们在现实生活中的人际交往和沟通能力的下降。部分大学生学习和就业压力较大，出现了一些心理问题，其承受能力、适应能力和分辨能力较差。

二、多媒体时代高校教师思想政治现状

道德属于上层建筑的范畴，是一种特殊的社会意识形态。人们可以通过对道德的把握，来感受社会关系的动脉，识别社会发展的方向，确定自身生存发展与社会和自然的关系，并形成自己关于责任和义务的观念，确定自己的道德理想，自觉地扬善抑恶、明辨是非，促进社会和个人的健康发展。道德作为社会意识的特殊形式对于社会的发展有着不可替代的功效。它是处理个人与他人、个人与社会之间关系的行为规范及完善自我的一种重要精神力量。教师是人类

文化的传递者，对人类社会的延续与发展起着承前启后的作用；教师是人类灵魂的工程师，对青少年一代的成长起着关键作用；教师是教育工作的组织者，在教育过程中起着主导作用。所以教师的道德意识怎样，影响着祖国未来的发展。所以对教师道德意识的调查就显得特别有意义。

（一）教师的环保意识

通过调查，我们可以发现 95% 以上的教师的环保意识都特别强。他们平时都特别注意对垃圾进行分类；对于自己手里的传单，他们更不会随地乱扔。通过这些小事，我们可以看到教师已经把环保当成一种习惯，他们每天都在以自己的行动告诉我们，保护环境应从我们每一个人开始，从我们身边的每一件小事做起。

教师为什么会有如此高的环保意识，究竟是什么在起作用？是教育。我们知道每一个教师都是受过高等教育的，他们知道环保的重要意义，教育使他们的环保意识增强。在接受教育的过程中，他们深深地认识到自己与大自然的密切关系，深知自然界与人类社会都具有客观实在性，它们相互联系、相互作用。自然界是人类社会形成的前提，人在实践活动中创造了人类社会，人类社会的存在和发展又反过来制约和影响着自然界，不断地改变自然界。教育使教师意识到了这一点，在意识的正确引导下，他们自然而然地就形成了环保的行为习惯。

面对当今世界全球化的环境问题，我们要做哪些改变？我们应该向我们的教师学习，要意识到现今出现的环境问题，并不单纯是由自然系统严重破坏导致的，实际是人与自然关系的严重失衡导致的。恩格斯早就提出了自然界"对人进行报复"以及"人类同自然的和解"的问题。马克思也认为，应当合理地调节人与自然之间的物质交换，在最无愧于和最合适人类本性的条件下进行这种物质交换。这就告诉我们要正确处理人与自然的关系，实现人与自然的和谐统一。人类在改造自然与改造社会的实践活动中，必须遵循客观规律，根据科学发展的要求开展实践活动，走可持续发展的道路；必须重视生态文明建设，在经济社会发展的过程中，把推进生产发展、实现生活富裕、保持生态良好有机地统一起来，努力实现社会经济系统和自然生态系统的良性循环。党的十八大报告也指出必须树立尊重自然、顺应自然、保护自然的生态理念，必须坚持节约优先、保护优先的方针，必须以"五位一体"总体布局生态文明建设，这一切都在告诉我们要与自然和谐相处。我们要像教师一样，把环保作为一种生活习惯。教师的环保意识如此强，相信在他们的正确指导与影响下，学生也会形成很强的环保意识。教师的身上充满了正能量，看到这些我们能不对祖国的未来充满希望吗？

（二）教师的爱国情怀

通过调查我们了解到教师的心中都有很强烈的爱国热情，但这种热情大多数情况下是表现不出来的，一些教师将自己对祖国的热情隐藏在心中。

我们都知道爱国主义是中华民族的优良传统，是中华民族生生不息、屹立于世界民族之林的强大精神动力。爱国主义是动员和鼓励中国人民团结奋斗的一面旗帜，是推动我国社会不断向前发展的巨大力量，是各族人民共同的精神支柱。国家是小家的寄托，更是个人的寄托；国家是物质利益的寄托，更是精神家园的寄托，失去祖国母亲的保护，人们就会成为无家可归的流浪儿。爱国是每个人都应该履行的责任或义务。履行爱国的责任或义务，是对祖国母亲的报答。

怎样才能使教师心中的爱国之火喷发出来？我们要找到突破口，提高国人的爱国意识，使更多的人认识到这一点，使教师的爱国之火喷发出来。通过教育，将爱国之情深深地刻在每一个人心里。在意识的正确指导下，人们才会有正确的行为。

（三）教师对公益的关注度

通过调查，我们可以看到教师们都特别愿意参加志愿活动，他们认为参加志愿活动可以使自己的内心更加充实。由此我们可以看到教师们对于社会是比较关注的，因为他们的心中装的不只是自己，还有社会。我们只有关心社会才会投入社会公益活动中。社会公益活动的意义是显而易见的，社会公益事业是中国优良传统的延续，是构建和谐社会的内在要求。我们可以把社会看成一个大家庭，我们只有关心家庭中每一个人的生活情况，当看到他们有困难时伸出自己的援助之手，我们这个社会才会更加和谐，我们这个家庭的未来才会更加美好。

乐善好施是中华民族的传统美德。发展慈善事业，有利于维护社会的稳定。在社会的发展中，我们需要正确处理效益与公平的关系。经济增长、技术进步以及社会现代化等固然是人类追求的目标，但人的发展才是最终目的。慈善事业兼顾效率与公平问题，能促进社会成员的共同进步，保障社会的稳定。

公益事业的发展有利于人与人之间的信任关系的建立，能促进社会规范的形成，我们要构建公民参与网络平台，让公民参与社会管理，参与社会矛盾的解决。公益事业还有利于人类道德素质的提高，有利于和谐社会的构建，公益事业展现了人性中"善"的一面，提倡人道主义，有利于人与人之间形成互帮互助、互相关爱的社会主义道德新风尚。在中国，公益活动是社会主义精神文明建设的重要内容，一个和谐的社会应该是精神文明高度发展的社会。第一，以献爱心为主旨的公益事业是我国进行公民道德教育、提高公民素质的一个载体。第二，志愿服务是核心价值形式，也是社会主义精神建设的核心部分。第三，公益事业是社会主义先进文化的重要组成部分。所以，发展公益事业，对发展社会主义先进文化，推动社会精神文明建设和构建和谐社会具有重要作用。教师们已经深刻地明白了这一点，所以他们都特别愿意参与公益活动，他们在帮助他人的同时，也收获了快乐。

恩格斯说过，意识是世界上"美丽的花朵"，这是对意识作用的生动描绘。由此，我们可以看到意识的巨大动力。的确，在几千年的人类文明史中，人类创造了璀璨的世界文明。从洪荒之世到现代科技革命，从蔡伦发明造纸术到飞船遨游太空，无不打上人的意识的印记，无不凝聚着人类的智慧和创造精神。辩证唯物主义也承认意识对物质具有能动作用。第一，意识是能动的，具有目的性和计划性。人是根据一定的目的去确定反映什么，不反映什么，怎么反映，表现出主体的选择性的。在意识中，不仅预先规定了活动的目标，而且为实现这一目标又预先规定了活动的方式和步骤。这些最终对活动具有决定性的影响。第二，意识具有创造性。人的意识不仅采取感觉、直觉、表象等形式反映事物的外部现象，而且能够运用概念、判断、推理等形式对感性材料进行加工制作、选择建构，从而使感性认识上升为理性认识，把握事物的本质和规律。意识反映对象不只是一般的模仿，而是能动的创造。意识既有对当前的反映，又有对过去的追溯和对未来的预测，可以摆脱特定时空的限制。第三，意识具有指导实践、改造客观世界的作用。意识能动性不局限于在实践中形成一定的思想，重要的是能以这些观念的东西为指导，通过实践把"观念存在着"的模型展现出来，变为客观现实。改造世界或创造世界意味着创造出世界上原本没有的东西，创造出没有人的参与永远也不可能创造的东西。第四，意识还具有指导控制人的生理活动的作用。正是因为意识有这些功能，所以我们知道了提高一个人的道德意识是多么的重要。

只有在正确的意识的指导下，我们才会有正确的行为。而正确的意识怎么形成，那就要靠教育了。教师们有很高的道德意识，这是多年教育的功劳。在受教育的过程中，他们明白了人与自然的相互关系，所以他们懂得如何与自然相处；在受教育的过程中，他们懂得了爱国主义的重要意义；在受教育的过程中，他们知道关注社会是自己的责任。现在的主要问题是怎样教育才能取得好的效果，怎样才能使教师的一言一行在人们心中产生更大的影响力。靠说教是很难取得成效的，我们如果能把说与做结合起来，相信效果会更好。

公益活动就能很好地将说与做结合起来。只有在自己践行的过程中，我们才会逐渐提升自己的道德意识。人们在听过教师们的教导后，再通过自己的亲身实践，一定能感受到高尚道德给自己心灵带来的充实感与满足感，于是人们就会乐意并愿意提高自己的道德意识。通过此次调查，我们明白了教育与教师道德意识的提高有着密切的关系。总之，提高人们的道德意识，应从教育开始。

第四节　多媒体时代高校思政理论课的路径探索

一、多媒体时代高校思政理论课网络教学体系的构建

（一）树立高校"思想政治理论课"网络教学新理念

网络时代下的"思想政治理论课"教学，"不仅仅是一个教学方法改革的问题，也不仅仅是运用网络或把网络作为一种教学手段和工具的问题，它首先是一场教学观念的变革"。为了使"思想政治理论课"教学能够适应网络发展的要求，教学必须进行重大变革。教学思想观念的变革是先导，是其他教学方面改革的先决条件。

（二）构建高校"思想政治理论课"网络教学体系的新内容

在构建高校"思想政治理论课"网络教学体系内容时，要从实际出发，加强思想政治基础理论与应用理论的研究工作，要注意研究信息高速公路、国际互联网等对人们思维方式、工作方式、生活方式乃至生存方式产生的影响，要着力研究互联网的普及给思想政治工作带来了哪些重大理论和实践课题。同时，在理论研究中融入信息论、系统论、控制论和协同论的内容，不断地深化思想政治工作理论的内涵与外延，拓展思想政治工作理论的深度与广度，为高校"思想政治理论课"教学体系内容的创新奠定理论基础。一是构建高校"思想政治理论课"网络教学体系。二是优化高校"思想政治理论课"网络教学的内容。在"思想政治理论课"教学内容的设计上，应突出重点，着力解决高校"思想

政治理论课"网络教学中的难点问题，应按照教育部组织编写的各门课程大纲的要求，以成熟的教材为蓝本，制作网络课件。由于网络课程的教学对象广泛，差异性较大，各校对网络课程的要求不尽相同，为方便使用，应尽可能地满足不同地区和不同人的需要，在内容的设计上尽可能充实和完备，覆盖面要广，习题要丰富多样，案例库要全面，以便使用者根据实际需要进行取舍。在教学模式上，我们认为应以讲授为主，以讨论和探索为辅，以个别辅导为补充。教师要充分发挥网络教学的优势，以文字演示为主，辅以声音解说、图表和图片演示，结合资料进行阅读与点评活动。

（三）创新高校"思想政治理论课"网络教学方式

一是改革传统的"思想政治理论课"教学方式。传统的"思想政治理论课"教学基本上是靠教师的讲解来完成的。对于新一代大学生，这样的方式很难有吸引力和感染力。现代网络技术的发展，为高校"思想政治理论课"教学提供了现代化的手段，增强了思想政治教育的趣味性、针对性和实效性。现代教学手段在教学中已得到普遍运用，集文字、图片、声音、影视资料于一体的多媒体教学，为学生提供了一种全新的认识和把握事物的环境，能够集中学生的注意力，调动学生学习的积极性。"思想政治理论课"教师应把握网络信息时代的新特点，积极推进"思想政治理论课"教学改革：应利用网络课件资源、教学软件和 VCD 教学片来开展多媒体教学，拓展"思想政治理论课"教学的时空范围；用电子课件代替传统的板书，将原本枯燥、抽象的理论转变成生动活泼、趣味横生的内容，再配上影视资料、照片插图和背景音乐，提高学生学习的兴趣。

二是制作有利于教学、深受学生欢迎的网络课件。网络课件是指能装载教学内容，体现教学安排的电子载体。网络课程的教学应包括学习、讨论、辅导、答疑、实验、测试等环节，以及系统的、操作性强的案例系统和试题库，这就要求教师制作出满足以上要求的网络课件。

三是播放电化教学片。传统教学主要是通过教师的口头表达来完成的，它只能给学生提供一种间接的描述，而不能给学生以直观的印象，难以使学生产生情感上的共鸣，电化教学片能够弥补这些缺陷，可以把一些重要的历史资料和历史事件展示出来，给学生以直观、具体的印象，从而增强教学效果。

（四）创新高校"思想政治理论课"网络教学方法

实践证明，思想政治教育方法和手段是思想政治教育内容和教育目的之间的桥梁，是实现教育主体和教育客体之间双向交流的渠道。在进行高校"思想政治理论课"教学的过程中，要做到以下几点。一要变单向讲授为双向交流，营造和谐的人际关系，消除学生的逆反心理和对抗情绪，提高思想政治教育的成效。二要变单纯灌输为主动疏导，"思想政治理论课"教师必须准确把握网络信息的特点，不回避社会上、网络上传播的负面信息，引导大学生判辨事物的对错，引导他们用正确的观点分析这些现象。三要变被动防御为主动化解。网络信息传播的快速性，增强了思想政治教育的及时性，使思想政治教育有可能摆脱过去那种防御式、救火式的被动局面。思想政治教育贵在及时，及时的关键是信息的收集、传递和使用的快速性，只有做到"快"，才能将工作做在前头，临时性、突击性、一股风的做法有可能被科学性、系统性、超前性的方法所取代。四要变单一呆板为灵活多样。当代大学生的各种精神文化需求相应提高，对教育手段的丰富性、愉悦性也具有更高的要求，因此要大力开辟第二课堂，融知识性、趣味性、思想性、娱乐性于一体，寓教于乐、寓教于学、寓教于管理，使学生在潜移默化中接受教育的感染。教师运用多媒体教学手段，结合实践进行教学，能使理论的灌输收到更好的效果。

要把创新体现在教学实践活动中，这就要求教师树立新的教学理念，创新教学方法，更新教学手段。教师要以培养高素质的人才为目标，树立正确的教育理念，积极创新教学模式；要保障教学内容的科学性和逻辑性的统一，突出重点、突破难点；在"精、深、新"三字上动脑筋、下功夫，挖掘理论的深度和思想教育的深度，了解学科最前沿的动态，联系实际，常讲常新。为了激发学生的兴趣和向学生传授科学的思维方法，教师要运用灵活多样的教学形式，增强教学效果，使学生自觉地接受教学内容；在教学实践中应实施"教学五法"，以提高教学效果。"教学五法"内容如下：一是"教学内容专题化"（以改革精神设计课程和讲授体系）；二是"教学手段电教化"（剪辑、合成了多套电教片并进行插播，自制多媒体电子教案，改变"几支粉笔、一张嘴"的传统教学形象）；三是"教学形式多样化"（以演讲、辩论和知识竞赛的方式搞课堂讨论，以查文献、做小论文和写演讲稿的方式做作业）；四是"教学环节规范化"；五是"教书育人制度化"。这些做法，值得推广。

二、网络时代高校思政教育新途径

互联网的飞速发展，为多媒体时代高校思政教育工作提供了一个前所未有、高度开放的空间。高校作为思想政治教育的前沿阵地，有义务也有责任更新网络思想政治工作的内容，提升互联网时代思想政治工作者的素质和能力，努力探索开展多媒体时代高校思政教育的新途径，不断开创网络思政工作的新局面。

（一）网络环境下思想政治教育内容的创新

内容是思想政治教育的核心和灵魂。面对新形势、新情况，增强教育内容的时代感是网络思想政治教育发展与创新的基本要求。要增强思政教育内容的时代感，就必须注重研究网络环境下教育对象的特点，加强教育引导，提高受教育者自我选择教育环境的意识。当代大学生具有强烈的自我意识和自主发展的欲望，追求个性化，能以积极、开放和竞争的心态面对社会，相对理智、务实。思政教育只有真正反映时代精神和当代青年学生的特点，才能保持魅力、迎接挑战。所以，高校思想政治教育工作者应及时纠正学生不良的思想行为，端正学生的思想态度；根据学生的思想实际，不断调整、充实和丰富教育内容；保证教育内容的客观性、理论性和现实性，抓住现实中争论的焦点，用正反事实说话，不回避矛盾，不搞"一刀切"。只有这样，才能真正做到对症下药、有的放矢，使思政教育收到良好的效果。

（二）加强网络思政教育工作队伍建设

高校必须培养一支高素质的思想政治教育工作队伍。高校思政工作者只有具备了良好的信息素质，才能进一步了解和熟悉网络环境，凭借良好的信息能力，从网络上了解学生的思想动态，从而有效展开教育和管理工作。成立专门的网络辅导员队伍是一种较好的途径和方式，高校网络辅导员就是能够以网络为载体，充分利用网络的功能和优势与大学生进行思想沟通、交流，开展有特色的思想政治教育工作的组织者、实施者和指导者。

网络辅导员这一队伍的出现，是多媒体时代高校思政教育适应现代化科技发展的要求，也是思想政治教育现代化的重要体现，更是思想政治工作创新的需要。在具体的实践中，可以让网络辅导员担任重要版面的版主，让他们整理版块，主动通过网站与学生进行交流，当学生在学习、生活中遇到难题、在思想上产生困惑时，辅导员应通过电子邮件或聊天方式与学生进行交流。辅导员应以平等的身份提出自己的观点，这样就能较好地引导舆论方向，从而起到很好的思想政治教育的作用。

（三）开展形式多样的网络活动

在网络时代，高校的思想政治教育者应当采取一种平等、互动的模式，采取适应时代的新型沟通和交流方式。高校应搭建一些好的交流平台，给思政工作者创造机会，使其能够了解学生的内心，了解当代大学生的思想特征、情感特点，从而掌握学生的心理动态。从目前高校的情况来看，大部分学生在寝室里就能上网，有些学生还在宿舍楼里将不同寝室的电脑进行联网。如何因势利导，利用好学生自发建立的这些局域网，广泛开展网络科技活动，形成思想政治教育的网上网下联动机制，是我们当前面临的新课题。

作为多媒体时代高校思政教育工作者，我们应充分利用好这一资源，挖掘网络的教育和教化功能，成立各种工作室，定期邀请有关专家通过教育网站的聊天室与学生进行交流，开展网上思想政治教育，举办网络文学作品大赛、软件编程大赛以及电脑绘画大赛等，引导学生广泛参与。同时，还可建立虚拟的"网上社区"，在网上组织适合大学生的学习活动，开展民主评议、交流谈心和心理咨询等活动，在网下可组织"网友联谊会"以及各种学习交流和科技竞赛活动，充分利用网上资源，形成网上、网下联动的局面。

（四）加强学生道德素质教育，培养学生良好的"网风"及"网德"

首先，要提高大学生的网上自律能力，加强对大学生的理想信念教育、爱国主义教育，增强大学生的历史使命感和责任意识，提升学生自身的道德修养。其次，要开设专门的网络道德、网络伦理教育课程，改变以往计算机等级考试只重技术考核不重道德考核的传统模式，向大学生灌输正确的道德观念，强化大学生的网络法制意识、责任意识、政治意识、安全意识和自律意识，提高其对有害信息的自觉抵制能力。最后，对上网学生要加强管理，对其网络行为进行必要的规范，建立信息反馈机制，对违反网络道德与法规的学生要严肃处理，要将教育和管理、自律与他律结合起来。

参考文献

[1] 王刚 . 思想政治教育资源研究 [M]. 重庆　：西南大学出版社，2017.

[2] 王升臻 . 思想政治教育本质研究 [M]. 郑州　：郑州大学出版社，2016.

[3] 李俊奎 . 思想政治教育学导论 [M]. 哈尔滨　：黑龙江人民出版社，2015.

[4] 张可辉，栾忠恒 . 新媒体视域下大学生思想政治教育研究 [M]. 北京　：中国商务出版社，2018.

[5] 张晓梅 . 新媒体与新媒体产业 [M]. 北京　：中国电影出版社，2014.

[6] 曹世华 . 新媒体技术应用与实践 [M]. 杭州　：浙江大学出版社，2017.

[7] 罗小萍，李韧 . 新媒体传播及其效果研究 [M]. 北京　：中国广播影视出版社，2018.

[8] 周艳 . 新媒体理论与实务 [M]. 北京：中国传媒大学出版社，2014.

[9] 王凤志 . 思想政治教育美学方法论 [M]. 杭州：浙江大学出版社，2017.

[10] 郭强 . 新视角下的思想政治教育研究 [M]. 北京：中国社会出版社，2017.

[11] 杨曦阳 . 全媒体时代思想政治教育新论 [M]. 长春：吉林文史出版社，2017.

[12] 樊常宝 . 思想政治教育 [M]. 北京：北京理工大学出版社，2017.

[13] 罗仲尤 . 思想政治教育属性研究 [M]. 北京：知识产权出版社，2017.